의 꿈, 꼬마빌딩
건물주 되기

KB112522

나의 꿈, 꼬마빌딩
건물주 되기

초판 1쇄 인쇄 | 2018년 1월 12일
초판 1쇄 발행 | 2018년 1월 19일

지은이 | 나창근
펴낸이 | 박영욱
펴낸곳 | 북오션

편 집 | 허현자 · 김상진
마케팅 | 최석진
디자인 | 서정희 · 민영선

주 소 | 서울시 마포구 월드컵로 14길 62
이메일 | bookrose@naver.com
네이버포스트 | m.post.naver.com('북오션' 검색)
전 화 | 편집문의: 02-325-9172   영업문의: 02-322-6709
팩 스 | 02-3143-3964

출판신고번호 | 제313-2007-000197호

ISBN 978-80-6700-343-6 (03320)

이 도서의 국립중앙도서관 출판예정도서목록(CIP)은 서지정보유통지원시스템
홈페이지(http://seoji.nl.go.kr)와 국가자료공동목록시스템
(http://www.nl.go.kr/kolisnet)에서 이용하실 수 있습니다.
(CIP제어번호: CIP2017033706)

나의 꿈, 꼬마빌딩 건물주 되기

나창근 지음

"3억 원대 똑똑한 소액투자로도 건물주가 될 수 있다"

북오션

　최근 한국은행은 그동안 이어져오던 저금리기조에서 기준금리를 1.5%로 상향 조정하였다. 그러나 8.2 부동산 규제대책과 금리 인상에도 불구하고 돈 되는 알짜 부동산은 고공행진을 이어가고 있는 역설적인 현상이 이어지고 있다. 그것은 바로 부동산시장이 그동안 우리에게 교훈적으로 주었던 학습효과와 부동산 재테크만 한 안정성이 없기 때문일지도 모른다.

　과거 고금리 시대에는 조금이라도 여유자금이 모이면 안전하게 은행에 넣어두는 것이 최고의 노후 대비였다. 그러나 더 이상 이자소득을 기대할 수 없는 우리나라 국민들의 관심은 너나 할 것 없이 노후준비를 위한 부동산투자에 쏠리고 있다. 장기적인 경기침체에도 불구하고 그럴수록 알뜰하게 돈을 모아 소액 투자용 부동산을 사뒀다가 노후수입을 부동산 임대수익에 의존하려 한다. 실제 대부분 우리나라 부자들은 많은 실물자산을 보유하고 일정 임대소득을 얻어 노후를 풍요롭게 보내기도 한다. 주식투자에 따른 수익보다 부동산투자를 통한 자산가치 상승 차익이나 임대소득이 대부분을 차지한다.

　개인사업자나 봉급생활자가 금융자산 이외에 부동산을 통해 풍요로운 노후를 준비하는 최선의 방법은 무엇일까? 그 전에 먼저 미래의 경기흐름을 예상해보면 저성장과 저출산, 노령인구 증가, 저금리와 저소득, 고실업이 전 세계적으로 진행되고 있으며, 거시적으로 우리 경제도 이를 비켜갈 수는 없을 것이다. 이에 따라 소득수준이 개선되지 않고 실질구매력이 감소되는 상태에서는 고급 대형 부동산으로 높은 소득을 기대하기는 어려울 것이다.

노후 대비 투자처로 유망한 종목으로는 소형아파트나 다세대, 다가구주택, 상가주택, 도심 주거용 오피스텔, 꼬마빌딩 등을 꼽을 수 있다. 소형 부동산을 통한 고정적인 임대소득과 함께 부동산 경기 침체기에도 퇴로를 확보해 줄 불황기 유망 부동산이다. 이는 역으로 디플레이션과 경기후퇴 시에도 소득감소와 주거비 부담으로 수요가 꾸준하다는 자산적인 특징이 있다.

미리 노후를 준비하며 투자에 나설 때에는 무리하게 빚을 내거나 크고 단가가 비싼 부동산에는 투자를 자제하고 철저히 임대수익에 초점을 맞춰야 한다. 되도록 환금성이 좋으면서 위치는 최고 입지일수록 유리하다. 도심과 역세권 일대 소형 물건에 투자해 운용하는 것이 가장 안전하다.

주로 소형아파트나 원룸 다가구주택, 오피스텔, 상가를 중심으로 임대용 상품을 골라 운용하고 좀 더 자금여력이 있다면 다가구, 상가주택, 외국인임대주택을 매입해 운용하면 입지에 따라 임대수입이 은행금리보다 훨씬 높다. 전철 역세권 등 요지에 위치하거나 수요가 많은 소형 부동산이라면 은행금리의 1.5배 이상의 높은 소득이 보장되고, 싸게 매입했다가 되팔 경우 시세차익을 올릴 가능성이 높은 상품들이다.

꼬마빌딩은 여러 투자처 가운데서도 가장 주목을 받는 품목 중의 하나다. 꼬마빌딩이 특히 주목을 받는 이유는 안정적인 임대수익을 올리면서 매도 시에는 일정부분 시세차익까지 가져다주기 때문일 것이다.

꼬마빌딩이 이렇게 인기가 있는 이유는 최근 정부의 주택시장 규제에 따른 풍선 효과도 한몫하고 있다. 아파트 청약 규제 강화로 1순위 청약 자격을 잃은 투자자와 다주택자들이 아파트 시장에서 소형 빌딩으로 관심 폭을 넓힌다는 것이다.

대부분의 일반인들은 꼬마빌딩의 건물주가 되어보려는 꿈조차 꾸지 못하고 그저 일만 열심히 하면 노후대책이 될 것 같은 착각 속에 살아간다. 그러나 꿈은 꾸는 자에게 이루어지는 법이다. 건물주가 되기 위한 노력 없이는 아무런 결과물도 없다는 사실을 명심하자.

다만 꼬마 빌딩을 매수할 때 주의해야 할 점이 몇 가지 있다. 대지가너무 작을 경우 엘리베이터 설치와 주차장 문제 등으로 단독 신축이 어렵다는 점을 명심해야 한다. 또 핵심 상권이 아닌 경우 금융비용을 감당할 세입자를 찾기 힘들고 은행 대출도 쉽지 않다는 점이 위험 요소다. 가격만 조금 낮추면 매각이나 임차인을 찾기 쉬운 아파트와 달리상가 건물은 고위험·고수익 상품이란 점에서 금리 상승, 공실 등의 위험을 감안한 투자 결정이 필요하다.

투자 상담을 요청하는 대부분의 고객들이 땅의 용도와 건물이 어떻게 활용되고 그 재산적 가치는 어떻게 증진시키는가에 대하여 자세하게 알지 못하는 경우가 많다. 이 책은 그러한 일반인들에게 꼬마빌딩의 건물주가 되기 위한 유용한 지침서가 될 것으로 생각된다. 가능한 초보 매수자의 입장에서 쉽게 이해할 수 있도록 글을 썼으며, 실제 꼬마빌딩 성공 사례를 실어 독자들도 함께 배우는 계기가 되도록 했다. 또한 꼬마빌딩과 관련된 전문 용어들을 쉽게 풀어서 정리하여 참고할 수 있게 했다.

언제나 필자는 "자유 중에 최고의 자유는 경제적 자유"라고 강조한다. 경제적 자유만큼 행복한 삶은 없을 것이다. 돈에 구속받지 아니하고 좀 더 풍요롭고 여유로운 삶은 우리가 추구하는 삶의 목표가 아닌가 싶다.

이 책이 나오기까지 도와주신 ㈜북오션 출판사의 대표 및 임직원 여러분께 진심으로 감사를 드린다. 또한 이 책의 그림을 삽입하기 위하여 정성스럽게 도와준 ㈜리치디엔씨의 김동혁 부장, 유혜주 이사께도 고맙다는 인사를 드린다.

아무쪼록 이 책을 통하여 꼬마빌딩의 건물주가 되기 위한 꿈이 현실로 실현되는 데 조금이라도 도움이 되었으면 하는 바람 간절하다.

진정한 경제적 자유의 첫걸음은 꼬마빌딩으로부터!

나창근

CONTENTS

1
chapter

나의 꿈,

꼬마빌딩 건물주 되기

01

꼬마빌딩은
노후대비 확실한 투자처다

최근 노후대책이라는 단어가 심심치 않게 들린다. 그도 그럴 것이 의학의 발달과 더불어 개인들의 건강에 대한 관심이 높아지면서 웬만하면 100세 시대를 바라보는 삶을 살아간다. 그런데 아무런 노후대책 없는 100세 시대는 축복이 아니라 재앙이라는 말이 있다. 나이 들면 들수록 더 이상 일해서 돈을 번다는 것은 현실적으로 불가능하다. 대한민국 성인들, 특히 노년을 앞두고 있는 중장년층은 무엇인가 자연스럽게 돈이 나와서 생활비로 충당하고 어느 정도 수준의 문화생활에 의료비까지 감당할 수 있으면 하는 바람이 간절하다.

서울시 면목동에 거주하는 김진성(53세) 씨는 꼬마빌딩에 대한 동경이 남달랐다. 그동안 노후대책으로 준비해놓은 것이 전혀 없었기 때문이다. 남들은 이자소득이니 연금소득이니 하지만 김 씨는 그동안 일만 하고 이렇다 할 노후대책은 생각지도 못할 만큼 빠듯하게 살아왔던 것이다. 자녀가 3명이라서 교육비가 만만치 않게 들어가 저축할 여력도 없었다.

이제 자녀들도 하나둘 독립하고 해오던 사업도 잘되어 어느 정도 여유자금을 만들 수 있었다. 꼬마빌딩을 하나 장만하면 좋을 것 같다는 막연한 생각에 여러 가지 유형의 물건도 많이 검토했지만 쉽게 결정할 수가 없었다. 입지선정과 분석, 임대수익률 계산, 미래가치분석에 따른 가치분석, 본인의 대출한도, 실제 투자자금, 꼬마빌딩의 종류 등 결정하는 데 알아야 할 지식이 한두 가지가 아니다. 공부하지 아니하고는 도저히 쉽게 접근할 수 있는 것이 아니었다. 그렇다고 김 씨는 잘 아는 친분이 두터운 부동산전문가도 없어 더욱더 난감했다. 과연 어디서부터 출발해야 성공적인 꼬마빌딩의 주인이 될 수 있을까?

김 씨는 그간 꼬마빌딩으로 성공한 사람들을 찾아가 여러 경험담도 들어보았고 서점에 들러 관련된 정보도 습득하고 했지만 역시 부동산 투자 경험이 전혀 없어 정말 어렵기 짝이 없다. 그래서 출발이 반이라고 생각하고 차근차근 공부부터 하기로 결정했다. 그는 1년 이내에 반드시 본인 명의로 된 건물주가 되는 것이 꿈이다. 꿈은 꾸는 자에게 이루어진다는 이야기가 있듯이 김 씨는 꼬마빌딩의 건물주가 되기 위한 신념이 확고하다. 그의 꿈은 반드시 이루어질 것이다.

'물주 위에 건물주'라는 유행어가 그리 낯설지 않은 요즘, 최근 열풍을 이어가고 있는 꼬마빌딩 투자! 대한민국에 거주하는 일반 국민이라면 누구나 꼬마빌딩을 한 채 보유하여 노후에 생활비 걱정 없이 편안하게 살고 싶은 꿈을 꿀 것이다.

사실 꼬마빌딩을 갖기 전에 노후대책에 대한 대비가 전혀 없는 것이 일반적이다. 부자이거나 엄청난 고액연봉자이거나 공무원이 아닌 이상 대부분은 노후대책 때문에 마음 한구석에 늘 불안을 안고 살게 된다. 아무리 머리를 굴려봐도 마땅한 노후대책이 세워지지 않는 것이 현실이다. 그렇다고 아무런 대책 없이 시간만 흘려보내다간 힘든 노년을 보내기 십상이다.

그렇다면 풍족한 노년을 보내기 위한 아주 기본적인 노후대책은 어떻게 실천할 수 있을까? 평범한 사람들이 수행할 수 있는 노후대책의 핵심은 바로 '지출 줄이기', '근로소득 이외의 소득 만들기', '절박함 가지기'로 압축할 수 있다.

1) 지출 줄이기

노후대책의 시작은 종잣돈을 마련하는 것인데 종잣돈은 그냥 세월만 지난다고 미련되지 않는다. 소득에서 지출을 줄여야 한다. 사람들은 늘 "돈이 없다, 돈이 없다" 입버릇처럼 말하지만, 정말 돈이 없는 빈곤층이 아닌 이상, 분명 어디엔가 세는 돈이 있을 것이다. 술값, 담뱃값, 각종 유흥비, 비싼 외식비 등등. 이런 지출부터 막아야 한다. 한마디로 필요 이상으로 돈을 지출한다면 미래는 보장되지는 않는다는 것이다. 소득에서 먼저 저축을 한 다음 나머지로 생활하는 근검절약 속에 종잣돈의 주머니는 두둑해지는 것이다.

종잣돈 모으기 3개년 계획을 세우고 실천해보자. 확실하게 목표가 있으니 그에 대한 의지도 강력할 것이다.

2) 근로소득 이외의 소득 만들기

재테크를 잘 못하는 일반인들은 그저 소득이라면 근로소득만 존재한다고 생각하고 온종일 일만 한다. 당연한 이야기인 것 같지만 이는 재테크를 잘하는 방법은 아니다.

그렇다면 근로소득 이외의 소득은 어떤 것들이 있을까? 임대소득, 양도소득, 배당소득, 불로소득 등이 있다. 일반인들은 사실 근로소득 외에는 접근하기가 결코 쉽지는 않은 소득의 종류들이다. 이 중에서 꼬마빌딩으로 올릴 수 있는 소득은 바로 임대소득과 양도소득일 것이다.

꼬마빌딩을 장만하여 임대소득을 올리고 있다가 어느 정도 시세차익이 실현되면 다시 매도해서 양도소득까지 올릴 수 있다면 그보다 더 금상첨화는 없을 것이다.

지출을 줄여 아낀 돈, 이것으로 투자를 해서 새로운 소득을 만들어낼 수 있는 꼬마빌딩을 가질 수 있는 계획을 수립하고 차근차근 그 계획을 실천해나가야 할 것이다.

늦게까지 나이 들도록 일하고 싶지는 않겠지만, 60~70대가 되어서도 계속 일할 수 있는 안정적인 일자리가 있다고 하더라도 대부분 직장에서 입지가 점점 좁아지게 되는 것은 당연하다. 그렇기 때문에 돈을 벌고 있을 때 일부를 노후대책에 투자해서 꾸준하고 안정적인 현금자산을 만들어내는 것은 매우 중요하다.

임대료를 받을 수 있는 작은 아파트나 빌라, 다가구주택, 오피스텔, 도시형생활주택 등을 매입하는 것이 가장 대표적인 방법이 되겠지만 부동산투자는 큰돈이 든다. 소형아파트 투자에도 억 단위의 돈이 필요한 것이 사실이다. 이것이 부담스러운 사람들은 주식시장을 넘보게 된다. 주식은 소액으로도 시작할 수 있다고 생각되니까 그럴 것이다. 그런데 주식에서 일반인들은 대주주나 외국인, 기관투자자, 큰손들에게 밥상을 차려서 바치는 모양새로 대부분 결론난다. 쉽게 말해서 주식으로 재테크를 성공한 일반인을 보기가 쉽지가 않다는 이야기이다. 주식은 근처에도 가지 말고, 쳐다보지 말자.

또 한편에서는 국민연금으로는 노후대책이 불가능하다고 생각되기에 개인연금을 추가로 드는 사람들도 있다. 하지만 소액의 연금만으로는 노후를 완전하게 보장하지는 않는다. 그래서 '돈이 나오는 기계', 즉 수익형부동산으로 노후대책을 세워야 하는 것이다.

3) 절박함 가지기

아직 나이가 젊은 20~30대 정도까지는 노후에 대해 거의 생각하지 않는다. 그도 그럴 것이 아직 취업의 문도 쉽게 열지 못하는데 노후대책까지 생각할 겨를이 없다. 하지만 반드시 장기적으로 생각해야 남보다는 지름길로 노후대책의 목표를 달성할 수 있을 것으로 본다.

중년에 접어들면 막연한 불안감을 가지지만 그래도 시간이 많이 남았다고 생각하기 때문에 노후대책에 대해 그렇게 절박하게 행동하지는 않는다. 하지만 시간은 우리의 생각보다 훨씬 빠르게 흘러간다. 그렇기 때문에 가능한 한 빨리 절박함을 가지고 노후대책을 세우고 실천에 옮겨야 한다. 노후대책은 일찍 시작할수록 좋다. 일찍 시작하는 만큼 풍족한 노년을 보낼 수 있다.

꼬마빌딩이 노후대책을 위한 확실한 투자처로 주목을 받고 있는 이유는 바로 안정적인 임대소득뿐 아니라 매도 시 양도차익까지 거둘 수 있기 때문이다. 일거양득, 두 마리 토끼를 잡을 수 있기에 너도 나도 꼬마빌딩 열풍에 사로 잡혀 있는 것이다.

key point

꼬마빌딩으로 노후대책과 더불어 시세차익을 기대하려는 생각부터가 요즘 투자대세를 따르는 것이다. 입지가 훌륭한 꼬마빌딩은 안정적인 임대수익과 더불어 향후 시세차익을 얻는 데 더할 나위 없는 보증수표다. 즉 부동산투자 패러다임의 변화에 따른 확실한 투자처다.

02

꼬마빌딩 열풍은
재건축·재개발 붐의 연장이다

한동안 재개발지와 재건축지로 언급되던 곳이 투자처로 각광을 받았다. 그러나 각종 부동산규제가 이어지면서 지구지정 취소와 더불어 사업성 악화로 투자자들에게 외면받기도 했다. 그러나 여전히 부동산 열풍의 진원지는 재건축·재개발시장이라고 할 수 있다.

누구나 재건축과 재개발시장의 문을 두드릴 수 있는 것은 아니다. 어느 정도 종잣돈이 형성되어 있어야 하고, 설령 종잣돈이 모아졌다 하더라도 투자하고 싶은 의사가 확실해야 한다. 곧 부동산투자는 일반수요가 아닌 유효수요인 셈이다. 유효수요란 확실한 투자의사와 더불어 그 투자의사를 뒷받침할 수 있는 자금이 있어야 한다는 것이다.

사실 투자의사와 자금력이 있다 해도 용기가 부족해서 본격적인 투자를 못하는 사람들이 많다. 막연한 두려움과 정보력 부재로 실천이 어렵고, 또한 부동산으로 투자해 성공해본 경험도 없기에 불안하기만 한 것이 대부분의 일반인이다.

최근 강남의 재건축시장은 그야말로 자고 나면 호가가 몇 천만 원씩 오르는 현상이 이어졌다. 뛰어난 입지, 저금리, 강남불패 신화유지 등의 투자심리가 복합적으로 작용된 결과라고 볼 수 있다. 재개발시장은 뉴타운개발사업이 다시금 활기를 찾아가는 가운데 한남뉴타운 등 한강변 재개발 구역은 하루가 멀다 하고 지분 상승세가 하늘을 찌른다. 재개발은 소액투자를 통해서 접근할 수 있는 부동산투자 물건 중 하나이다. 특히 재개발은 관리처분계획 인가를 얻은 후 이주비가 지급되는 시점에서 투자할 경우 보다 더 소액으로 투자할 수 있는 장점이 있다.

한때 한강변 르네상스 프로젝트 개발이라는 명제 아래 재개발지분이 폭등한 때가 있었다. 그중에서도 한남뉴타운과 흑석뉴타운 등은 한강 조망권을 덤으로 얻을 수 있어 그에 대한 기대치가 끝을 모르는 듯 높아졌다. 그러다 부동산투자심리가 얼어붙으면서 지분가격이 하락하고 거래도 상당히 부진했다. 점차 정부의 부동산 규제정책이 부양정책으로 전환되면서 일반아파트 시장의 상승세와 함께 재개발·재건축 가격의 상승으로 이어졌다.

이에 여유자금이 있는 투자자들은 꼬마빌딩을 매수하고자 하는 투자심리가 상승하게 됐다. 전반적인 빌딩거래 중에서 50억 원 이하의 꼬마빌딩 거래량이 폭발적인 증가세를 보이기 시작했다.

그럼 꼬마빌딩은 어떤 것을 말할까? 주로 20~50억 원 정도의 작은

서울 노원구 백사마을 재개발대상지 모습

건물을 말한다. 흔히 볼 수 있는 지상 5~7층 안팎의 상가건물이나 작은 오피스 건물이다. 과거에는 빌딩은 일반인들보다는 기업체나 정부기관에서 보유하는 건물들로 인식돼왔던 것이 사실이다. 하지만 최근 들어서 아파트 값이 급등하면서 일반 개미들도 아파트를 팔거나 전세를 주고서 기초 자금을 마련하고 거기에 대출금까지 안으면 웬만한 꼬마빌딩을 살 수 있게 되는 것이다. 이러다 보니 서울 강남권 일대에서는 꼬마빌딩은 없어서 못 팔 정도로 인기다.

이처럼 꼬마빌딩이 인기를 끄는 이유는 바로 초저금리 때문이다. 일반적으로 금리와 부동산가격은 반비례 관계다. 금리가 낮아지면 부동산가격이 오르는 요인으로 작용한다. 금리가 낮아지면 부동산을 살 때 지출하는 대출의 이자비용이 낮아져 투자여건이 좋아진다. 투자수익률이 상승하는 만큼 부동산 가치도 올라갈 것이다. 금리 민감도가 상대적으로 높은 수익형부동산은 저금리에 더 민감하게 반응할 수밖에 없다. 시중금리보다 2~3배의 임대수익률을 낼 수 있기 때문이다. 금리가 크게 오르지 않는 한 꼬마빌딩 붐은 계속될 것으로 보인다. 자산가일수록 저금리에 따른 보상심리, 금융시장 불안에 따른 안전자산 선호 심리가 강하기 때문이다.

key point

다시 불어 닥친 재개발·재건축 붐은 꼬마빌딩 투자수요의 폭발적인 요소로 분석된다. 왜냐하면 부동산투자란 유효수요가 뒷받침되어야 하기 때문이다. 즉 꼬마빌딩을 매수하려는 구매의사와 그것을 매수할 수 있는 자금력의 확보 두 가지가 동시에 달성되어야 한다.

03

꼬마빌딩
투자 로드맵부터 짜라

꼬마빌딩 투자가 '내 인생의 노후대책'이라고 확신이 선다면 과감하게 실천에 옮기는 전략이 필요하다.

서울 방배동에 거주하는 나형기(남, 53세) 씨는 부동산투자를 머릿속으로는 수도 없이 많이 해보았다. 하지만 정작 투자를 실행한 적은 한 번도 없다. 그는 투자에 대한 확신이 없었을 뿐만 아니라 도대체 투자의 방향을 잡아주는 전문가 상담을 한 번도 받아보지 않았다. 그러니 그에 따르는 투자 로드맵을 설정하고 실행하는 것은 상상조차 못한다.

당연히 투자는 먼 나라의 이야기이고, 분명 남들은 노후대책으로 안정적인 임대수익이 나오는 빌딩 한두 채씩을 보유하고 자랑하는 것을 그저 부러움의 대상으로 바라만 보고 있다.

꼬마빌딩을 처음으로 투자하는 사람들의 투자마인드 구축하기

하나, 정보 수집과 자금계획을 세운다.

둘, 정보 수집은 온라인과 신문, 도서 등도 중요하지만 현장정보가
더 핵심이다.

셋, 자기 자본과 타인 자본을 합하여 규모에 맞는 빌딩을 구입할 자
금계획을 세운다.

넷, 부동산전문가와 긴밀한 관계유지를 통해서 도움을 받는다.

다섯, 평소 부동산투자 흐름에 대한 공부를 게을리하지 않는다.

여섯, 목표를 확실히 설정하고 그에 맞는 실천계획을 세운다.

1) 투자계획 수립

꼬마빌딩을 보유하고자 하는 의지가 강하다면 투자계획을 수립해야
한다. 우선 투자마인드 고취가 중요하다. 노후대책이 제대로 되려면 제
대로 된 투자계획을 수립해야 하고 그것을 바탕으로 안정적인 임대수
익이 나는 좋은 꼬마빌딩을 투자해야 할 것이다.

투자계획에는 투자금액이 얼마나 소요될 것인가 철저한 분석을 한
다음 그에 맞는 빌딩을 선택해야 한다. 또한 금리가 낮으므로 대출을
최대한 활용하여 투자수익률을 올리는 방법을 강구해야 한다. 아파트
를 비롯한 기타 부동산을 처분하고 꼬마빌딩을 매수한다면 그 처분 예
정일에 맞는 자금계획을 세워야 할 것이다.

2) 지역 선정

투자계획 못지않게 중요한 것이 바로 지역 선정이다. 지역 선정이 중요한 이유는 투자금액에 따라서 어느 정도 규모를 생각할 것인가가 결정되고, 또한 임차인의 구성과 성향을 알 수 있기 때문이다.

예를 들면 유흥가가 밀집된 지역이라면 아무래도 술집이나 음식 관련된 임차인들이 선정될 것이고, 대학가라면 주로 학생층, 사무실 밀집 지역이라면 직장인들이 주요 임차인으로 구성될 것이다. 이처럼 지역은 임차인의 성향과 구성에 지대한 영향을 미친다.

또한 투자자 본인의 거주지와 얼마나 가까이 빌딩이 위치하는가도 중요한 요소다. 만약 서울에 거주하는 투자자가 수익률이 좋다고 경북 구미의 원룸빌딩을 무작정 매수할 수는 없을 것이다. 이 문제는 상당히 중요한 부분, 즉 관리가 가능하느냐가 포인트인 것이다. 아무리 수익률이 좋아도 관리할 수 없다면 앞으로 남고 뒤로 손해볼 수 있기 때문이다.

여기서 관리란 임대료입금 여부, 공실체크 여부, 하자보수 여부, 시세변동 여부, 민원해결 여부 등 한두 가지가 아니다. 물론 관리업체의 선정으로 일정 부분 위탁관리도 할 수 있지만 그래도 심리적인 투자 안정감을 생각하면 본인의 거주지역과 가까운 곳을 선정하는 편이 좋다.

3) 물건탐색 단계

투자할 지역이 선정되었다면 이제는 구체적인 물건을 탐색하는 단계로 진행한다.

물건의 대상지역 중에서 여러 물건을 비교해서 보아야 하는데 통상적으로 본인과 맞는 꼬마빌딩을 보려면 적어도 매물을 100개 이상은 봐야 한다고 한다. 한 번 사면 아파트처럼 환금성이 좋은 부동산은 아니기 때문이다. 대상 지역을 선정한 다음 인터넷에서 먼저 매물을 검색한 뒤 임대수익률과 땅값, 향후 가치 등을 따져 매입을 결정하는 게 좋다.

먼저 땅 가격은 대체로 공시지가 2배 이내가 좋다. 물론 공시지가 2배 이내가 공식은 아니지만 참고사항으로 시세에 반영하여 가격흥정을 해야 좋다.

요즘 서울 테헤란로, 삼성동, 청담동, 서교동, 이태원동은 공시지가의 2.5~5배까지 치솟고 있으므로 버블 가능성을 경계해야 한다. 비수도권은 공시지가의 1.5~1.7배가 무난하다. 건물 수명은 40년이지만 시장에서는 20년이 넘으면 땅값에 포함해서 거래하는 경우가 많다.

그리고 임대수익을 반드시 확인해야 한다. 시장에서는 미래에 받을 수 있는 임대수익을 마치 현재 수익률인 것처럼 뻥튀기하는 경우가 많다. 임대료가 너무 높게 책정되어 있다면 건물을 빨리 매도하기 위한 조작 가능성이 있을 수도 있으니 조심해야 한다. 세입자와 건물주가 짜고 높은 임대수익의 건물인 것으로 포장하는 경우가 종종 있기도 하다. 신도시같이 신규 상가시장인 경우 특히 심하므로 조심해야 한다. 건물을 매입 후 신축이나 리모델링 가능성도 고려해야 한다. 해당지역의 지구단위계획, 정화조 용량, 주차 시설, 용적률, 건폐율 등을 종합적으로 고려해 판단하는 게 좋다.

꼬마빌딩이 들어서는 상가는 워낙 변동성이 심하게 작용하므로 향후 활성화될지, 침체될지 그 미래를 점치기가 쉽지 않다. 반드시 철저한 현장조사를 거친 뒤 매입해야 한다. 일반 주거대상 부동산과는 달리 빌딩의 경우 상권의 흐름을 잘 파악해야 하며 상권 분석을 철저하게 검토해야 나중에 후회할 일을 만들지 않는다.

만약 꼬마빌딩 투자가 처음인 투자자라면 주거용으로 구성된 원룸빌딩을 탐색하는 것이 좋다. 부동산 입지에 따른 리스크가 상업용보다는 훨씬 적기 때문이다. 물론 원룸빌딩도 리스크가 전혀 없는 것은 아니지만 그만큼 손쉽게 접근할 수 있는 꼬마빌딩이라고 볼 수 있다.

4) 계약 전 체크사항

입지 선정까지 마쳤다면 이제 꼬마빌딩을 매수하기 위한 필수단계인 계약서를 작성해야 한다. 다른 부동산 물건 또한 계약서를 작성하기 전에 체크할 사항이 아주 중요하하. 하지만 특히 빌딩은 평생 한두 채 매수할까 말까 하기 때문에 좀 더 신경을 써야 한다.

첫째, 철저한 입지분석으로 최적의 상품을 선택한다. 역세권 여부, 관청이나 대형건물 밀집지역 여부, 인근에 랜드마크 빌딩 포진 여부 등 기본적인 입지분석은 필수다. 빌딩은 업무용부동산으로서 임차인들의 출·퇴근이 편리한 지역이 1순위이다. 이런 지역의 빌딩은 교통 편의성 제공과 함께 입주자들에게 홍보효과를 높이는 데도 안성맞춤이다. 또한 빌딩 밀집지역이나 랜드마크 건물이 소재한 지역을 선택하면 더욱

안전하다.

개략적인 입지분석이 끝나면 개별 빌딩에 대한 세부적인 분석을 꼼꼼히 진행해야 한다. 해당 빌딩의 공실률과 임차인 현황분석은 기본이며 주변 건물들의 공실 상태도 점검해야 한다. 만약 공실률이 20%를 넘어서면 투자대상에서 제외해야 한다. 외국기업이나 금융사 같은 우량 임차인들이 많이 입주해 있을수록 좋은 물건이라고 봐도 무방하다.

둘째, 물리적 하자분석을 통해 불필요한 지출을 사전에 막는다. 무슨 물건을 사든지 하자가 있다면 그것만큼 속상한 일은 없을 것이다. 하다못해 시장에서 허름한 옷 한 벌을 사도 하자가 있으면 속상한데 수십억원을 호가하는 꼬마빌딩을 매수하기 전 하자체크는 필수불가결한 요소가 틀림없다. 그러한 하자체크가 잘 안 된다면 나중에 수리비가 상당부분 수익률에 악영향을 미치게 된다. 하자상태를 점검하는 것은 매우 중요한 부분이다.

물리적 분석은 전문가의 도움을 받는 것이 좋다. 특히 준공된 지 10년이 넘은 건물은 현미경을 들이대듯이 건물상태를 들여다봐야 한다. 예를 들면 외관상태, 정화조시설, 전기안전, 가스안전, 방화관리, 미화관리, 승강기, 환경관련시설 등 시설, 구조와 관련된 부분을 중점적으로 체크해야 한다. 보통 수익형부동산 투자자들은 준공된 지 10년 이내의 물건을 탐색하는 것이 좋다.

셋째, 수익률 분석을 통하여 물건의 가치를 확인한다. 아무리 건물상태가 좋고 입지가 좋아도 수익률이 형편없다면 물건의 가치가 통째로 없다는 의미로 해석해도 좋다.

빌딩 투자 시 기대할 수 있는 수익은 자본이득과 임대수익이다. 자본이득을 미리 예상하는 것은 쉽지 않다. 가격상승 요인에는 경기 동향, 수급, 금리 등 수많은 변수가 작용하기 때문이다. 하지만 최근 시장상황을 고려할 때 자본이득 부분은 보수적으로 계산하는 게 위험을 줄이는 방법일 것이다. 한편 임대수익률은 비교적 정확하게 따져볼 수 있다. 단 임대차계약서에만 의존해서 수익률을 산출하면 낭패를 볼 수 있다.

우선 매입시점의 공실 현황을 점검하고 향후 예상 공실을 분석해야 한다. 또 최근에는 임차인들에게 각종 옵션이 서비스로 제공되는 경우가 많기 때문에 계약서와 실제 계약내용이 다를 수 있다는 점도 유의해야 한다.

넷째, 법률적 권리관계도 꼼꼼하게 체크하자. 법률적 권리관계를 사전에 잘 파악해야만 골치 아픈 문제를 사전에 차단할 수 있다. 등기부상 권리관계 및 임대차계약, 토지이용계획확인원, 도시계획, 지구단위계획 여부 등 공적 장부에 대한 법적 검토는 기본이다.

이뿐만 아니라 전기·설비·토목·건축 관련 각종 도면, 전기·가스·승강기·기계식 주차기 안전 정기검사, 미화관리·시설관리·보안 관련 각종 용역계약, 국세 및 지방세 완납증명서, 환경개선부담금, 교통유발부담금, 도로점용료 납부증명서 등 관련 서류에 대한 꼼꼼한 확인을 거쳐야 한다.

5) 잔금 전 체크사항

꼬마빌딩을 고심 끝에 어렵사리 계약을 하고 이제 잔금을 치를 날만 남았다. 그러나 잔금 치를 돈만 마련하고서 느긋하게 기다리다간 낭패를 당할 수도 있다는 것을 명심해야 한다. 가장 중요한 것은 바로 임대차계약서가 실제 임대차와 상이한 사항은 없는지, 등기부등본상의 소유권 이외의 사항 변동은 없는지, 계약서에 명시한 특약사항의 이행여부 등을 체크하여 별 이상이 없다면 잔금을 치르고 소유권이전등기 서류를 건네받으면 된다.

6) 매입 후 사후관리

소유권이전등기를 마친 후 드디어 꿈에 그리던 건물주가 되었다. 그렇다고 그저 들뜬 기분으로 하루하루를 보냈다가는 목표했던 안정적인 임대수익은커녕 건물의 가치하락에 따른 손해를 볼 것이 자명하다. 건물주가 되었다는 들뜬 기분에서 벗어나 제대로 된 건물관리와 세입자관리 그리고 임차인들의 불편사항 등 민원처리 등을 지속적으로 관리해줌으로써 빌딩의 가치상승과 더불어 안정적인 임대수익을 실현해야 한다.

key point

꼬마빌딩을 매수하는 사람들은 먼저 로드맵부터 수립하자. 목표가 확실한 사람은 그 목표를 달성하는 데 남보다 더 빠르고 정확한 길을 선택하여 집중할 수 있다. 투자계획수립→지역선정→물건탐색→매매계약 전 체크사항 점검→잔금 전 체크사항 점검→매입 후 사후관리 등의 로드맵을 구성하여 실천에 옮기자.

04

저금리 시대,
꼬마빌딩 가치에 주목하라

　서울시 방배동에 거주하는 서형길(53세) 씨는 식당사업을 오랫동안 하면서 모은 종잣돈 5억 원을 어찌 굴릴까 날마다 고민하고 있다. 저금리라서 은행권에 묶어두자니 왠지 손해 보는 느낌을 받고 화폐가치 하락에 따른 가치하락이라도 염려된다. 그렇다고 해서 남들처럼 주식투자를 하자니 이제껏 한 번도 접근해보지 않은 분야라 내키지 않는다. 그래서 결론 낸 것이 바로 수익형부동산에 투자하여 적정한 임대수익을 올리는 것이다. ㄱ는 열심히 여기저기 공부하고 있다.

　최근 '수익형부동산'에 대한 관심이 뜨거워지고 있다. 여러 가지 이유가 있을 것이지만 아무래도 저금리 영향이 절대적이다. 과거에는 아파트, 토지 등 부동산 자체의 가격이 상승하는 상품에 투자자의 관심이 있었다면 최근에는 부동산 자체의 가격 상승뿐 아니라 매월 실질적인

'수입'인 '월세'가 들어오는 수익형부동산에 관심이 집중되고 있다. 사실 수익형부동산이 관심을 받게 된 것은 부동산시장의 큰 변화다.

왜 부동산시장의 흐름이 변하고, 투자자의 관심이 수익형부동산에 집중되고 있을까? 이 같은 부동산시장의 변화에는 여러 이유가 있다. 지금의 수익형부동산은 단순히 아파트나 토지 투자의 불확실성과 장기화의 우려로 선택된 대체상품이 아니다. 현 시대적 배경에 맞추어 시장이 변한 것이다. 이는 세계적인 경기, 경제적 흐름과 연관이 있으며 우리나라 인구구조, 정책과도 연관이 있다.

최근 수익형부동산을 대세로 만든 시장 변화의 요인을 알아보자. 2016년 6월 기준 미국은 0.25~0.5%로 기준금리를 동결했고, 심지어 일본은 기준금리를 마이너스 0.1%로 유지하고 있다. 그리고 2016년 6월 한국은행에서는 기준금리를 1.5%에서 1.25%로 0.25% 낮췄다. 2011년을 기준으로 매년 0.25~0.5%씩 낮추어가고 있다. 단기적으로 금리 인상을 이야기해도, 장기적으로 보아 전 세계적인 저금리 시대라고 해도 과언이 아니다.

왜 이렇게 기준금리를 낮추는 것일까? 기준금리 하향 조정에는 매우 많은 이유가 있지만, 그중 하나가 경기 부양이다. 기준금리는 개인이 대출을 받을 때, 은행에 예금할 때 기준이 된다. 개인뿐 아니라 기업도 마찬가지다.

돈을 빌리는 처지에서 금리를 낮추게 되면 개인은 저리에 대출을 받을 수 있고, 기업은 투자와 고용을 늘릴 수 있다. 이렇게 되면 개인은 지출을 늘릴 수 있고, 기업의 고용은 소비 활성화로 이어진다. 결국 금리 인하는 경기를 부양하고 경제를 활성화하자는 정책적인 전략이다. 한편 돈을 은행에 예치하는 처지에서는 낮은 금리로 인해 이자소득이 낮아지게 된다. 그래서 투자자들은 은행금리를 기준으로 더 수익성이 높은 대체 투자상품을 찾게 되고, 자연히 돈이 돌며 시장 경기가 활성화된다. 그럼 그 돈은 어디로 갈까?

첫 번째로 주식을 생각할 수 있다. 그러나 주식투자는 불안하다. 게다가 당분간 경기가 급속도로 회복될 조짐은 보이지 않고, 자칫 잘못 투자하면 수년간 모아놓은 종잣돈이 순식간에 날아갈 수 있다. 주식투자는 5%를 위해서 95%가 밥상을 차리는 꼴이라고 말해도 과언이 아닐 정도로 주식투자로 성공하는 길은 험하고 멀다. 설사 단기적으로 억세게 운 좋게 성공했다 할지라도 장기적으로는 결국 마이너스의 구렁 속으로 들어가 때늦은 후회만이 남을 뿐이다.

두 번째로 채권투자를 생각해보자. 최근 저금리의 영향으로 투자자들이 채권투자에도 관심을 보이는 추세이기는 하나, 다소 수익률이 높은 회사채는 개인이 판단하여 투자하기에는 위험이 있다. 구조조정이 흔한 이야기가 되어버린 지금 회사채 투자를 함부로 권하는 사람은 없을 것이다. 또한 상대적으로 안전한 국공채에 투자하면 수익률이 은행금리보다 조금 높은 수준이어서 재미를 보기 어렵다.

세 번째로 부동산이다. 가장 쉽게 접근할 수 있는 것이 아파트투자이다. 그러나 단순히 아파트에 투자하는 것은 부담스럽다. 강남 재건축 아파트에 투자하기 위해서는 투자금이 부족하고, 어설픈 지역의 아파트에 투자해서는 불안하다. 또 전세를 끼고 아파트에 투자해서 '역전세난'에 하우스푸어(House Poor)로 몰릴 가능성도 무시하지 못한다. 그래서 단기적으로 아파트시장 상황이 좋더라도, 많은 돈을 대출받아 대출이자를 내며 투자금을 묻어두기에는 부담스러운 것이 사실이다.

토지의 경우는 어떠한가? 과거에는 토지투자가 불변의 법칙과 같았지만, 정부나 지방자치단체의 장밋빛 전망만을 믿고 장기적으로 토지에 투자하기에는 너무 많은 기간이 소요될 수 있다.

그렇다면 수익형부동산투자는 어떨까? 수익형부동산은 앞서 설명한 투자상품의 문제점 및 위험성을 상쇄시킬 수 있는 장점이 있다. 예컨대 수익형부동산은 주식투자보다 훨씬 안정적이며, 채권투자와 비교해도 안정적이고 수익률이 높다. 다른 부동산투자와 비교해도 수익형부동산의 장점이 크다. 예를 들어 아파트는 역전세난의 위험 및 대출이자의 압박이 크다. 하지만 수익형부동산은 대출을 받아 투자해도 월세를 받으며 대출이자를 내고, 조금 더 노력하면 원금도 상환할 수 있다. 또 주거용 수익형부동산을 월세로 임대한 경우 역전세난에 시달릴 우려가 상대적으로 적다. 토지투자의 장기화 위험보다 수익형부동산은 초단기 투자수익이 발생한다. 쉽게 말해 매월, 매일, 소득이 발생하는 투자상품이다. 월세 계약 종료 시 일자를 따져가며 월세를 정산해본 사람은 잘 알 것이다. 게다가 수익형부동산 그 자체의 가격 상승도 얼마든지 기대할 수 있다. 상황이 이러하니 안전성, 환금성, 수익성을 고루 갖춘 '수익형부동산'에 투자자들의 이목이 쏠리는 것이다.

저성장시대의 개막과 함께 저금리는 장기화할 가능성이 크다. 장기적 저성장시대를 극복하기 위한 투자활성화와 경기부양 측면에서 정책적으로 금리를 낮추는 것이다. 이 같은 장기적 저성장·저금리 시대를 맞으며 수익형부동산에 관한 관심은 더욱 커질 것이다. 특히 상업용 수익형부동산보다 상대적으로 안정적인 주거용 수익형부동산은 그 인기가 더 높아질 것이다.

이렇듯 저금리시대는 부동산시장에 호재로 작용되는 것이 분명하다. 특히 수익형 꼬마빌딩은 자본이득과 임대소득의 두 마리 토끼를 잡을 수 있는 현명한 노후대책의 수단으로 각광을 받고 있다. 꼬마빌딩이 더 주목받는 이유는 우선 투자금액 면에서 10~30억 원 내외로 비교적 적은 금액으로 건물주가 되기 쉽고, 또한 가격 상승의 효과로 처분할 때도 환금성 면에서 유리하기 때문이다. 한마디로 새로운 신규 투자자의 진입이 쉽고, 현금화가 되기 쉽다는 점에서 대형빌딩과 차별화된다고 할 수 있다.

결국 저금리는 분명 꼬마빌딩의 가치상승에 절대적인 기여를 하고 있는 결정적인 요인이라 할 수 있다.

key point

저금리시대는 갈 곳 잃은 부동자금들이 시중을 떠돌게 된다. 특히 레버리지 효과를 이용한 부동산투자 활동이 활발하게 되고 그에 따르는 수익형부동산에 대한 투자의뢰도 많아진다. 금리보다 높은 임대수익이 있다면 주저하지 말고 대출을 이용한 수익형부동산에 투자하는 것을 적극 고려해야 한다.

05

앞으로 3년,
꼬마빌딩 붐은 계속된다

    전북 정읍에서 주유소와 휴게소를 운영 중인 나인기(53세) 씨는 사업
소득에서 임대소득으로의 전환을 꿈꾸고 있는 사업가다. 나 씨는 여유
자금이 있기는 하지만 지방의 건물에 투자하여 임대소득을 실현하는
것을 왜 그런지 주저하고 있다. 당장의 임대소득도 중요하지만 향후 매
도 시에 시세차익이나 환금성을 고려하면 아무래도 서울이나 수도권의
꼬마빌딩을 투자하는 것이 주효할 것이라는 생각 때문이다. 늘 시간이
되면 임대소득에 대한 궁금증을 유선상으로 문의하고 투자흐름을 파악
하는 나 씨는 실 투자금액 20억 원을 가지고 꼬마빌딩을 알아보는 중이
다. 병원으로 임대된 건물을 찾고 있는데 사실 어렵기는 하다. 병원건
물은 보통 1층에 약국과 편의점이 입점해 있으면서 전 층이 병원으로
구성된다.

그러기에 안정적인 임대수익이 보장된다고 할 수 있다. 향후 시세차익의 실현은 지가상승에 대한 자연적 현상과 더불어 수익률 향상에 따른 인문적 현상이 복합된다면 더욱 확실할 것이다. 서울지역에서는 강남은 좀 벅차고 강북의 2차선 도로변이면 충분히 가능할 것으로 생각된다. 보증금과 대출을 안고 투자한다면 생각지 않은 효자노릇을 하는 건물의 주인이 될 것으로 확신한다.

이처럼 어느 정도 여유자금이 있는 투자자라면 저금리를 이용해서 건물주가 되는 게 꿈인데 사실 꿈으로만 꿔서는 안 된다. 실행에 옮겨야 비로소 건물주 대열에 동참할 수 있을 것이다. 저금리는 앞으로도 당분간은 이어질 가능성이 아주 높다. 물론 미국발 금리인상에 우리나라도 금리인상에 대한 압박이 있기는 하지만 그래도 아직 금리를 상당폭 인상하기에는 시기상조인 듯하다.

요즘 같은 부동산시장 호황국면이나 언젠가는 다가올 침체국면에서도 주목을 받는 것이 틈새상품이다. 도시형생활주택, 오피스텔, 고시원, 상가, 꼬마빌딩 등 수익형부동산 상품들이 그것이다. 세계 경기는 이미 저성장시대로 들어선 지 오래다. 당분간 적어도 3년 이상은 저금리 기조가 이어질 것으로 예상되며 더욱 세계 각국이 자유무역 대신 보호무역의 장벽 아래 고성장하기란 쉽지 않을 것으로 전망된다. 그러한 저성장시대에서는 경기부양을 위해 저금리정책을 쓸 수밖에 없을 것이다. 저금리이다 보니 마땅한 투자처를 찾기 어려운 투자자들은 수익형 부동산의 꽃이라고 할 수 있는 꼬마빌딩에 더욱더 관심을 갖게 되고,

그 붐은 꾸준히 이어질 것으로 전망된다. 더욱이 베이비부머를 비롯한 은퇴 예정자들을 중심으로 노후의 안정적인 소득을 기대하는 사람들이 많아지면서 수익형부동산에 대한 수요가 늘어나고 있다. 하지만 시장은 그렇게 녹록치 않다. 앞으로의 경기는 호황과 침체를 거듭할 것이지만 부동산시장은 경기에 상당히 민감한 반응을 보일 것이다. 조금이라도 공급과잉이 생긴다면 시장은 그대로 결과를 나타내게 된다.

향후 부동산시장을 전망할 때 주거용 수익형부동산과 상업용 수익형부동산은 구분해서 살펴볼 필요가 있다. 주거용 수익형부동산의 인기는 전세난이 지속될 것인가가 중요한 포인트다. 주거용 수익형부동산은 대체로 전세보다 월세를 받는 형태인데 최근 월세수요가 증대되는 현상은 전세난으로 파생되어 생긴 수요의 성격이 강하다. 즉 전세공급이 부족하다 보니 시장에서 우월적인 지위를 갖게 된 집주인들은 자신에게 유리한 월세계약을 요구한 것이다. 월세는 대체적으로 월 0.5~0.6%(연 6~7.2%)에 해당하는 금액을 받고 있는데 정기예금 금리(2%대)보다 훨씬 높다. 소형주택 불균형과 강남재건축의 이주수요에서 촉발된 전세난은 향후 2~3년 정도 지속될 가능성이 있다. 따라서 전세난에 편승한 이들 월세형 주택상품은 좀 더 주목을 받을 것이다. 때문에 주거용 수익형부동산을 분양받거나 개발할 때에는 공급과잉이 오더라도 공실이 발생하지 않도록 자체 경쟁력을 갖추는 것이 필요하다. 대학가나 역세권, 산업단지, 오피스 배후단지 등 배후수요가 풍부한 곳을 고르는 것이 좋다.

상업용 수익형부동산은 옥석가리기가 필요하다. 만약 경제성장률이 잠재성장률을 밑돌 것으로 예상된다면 소비심리 침체로 상가시장도 활기를 띠지 못할 수 있다. 상업용 부동산은 실물경기를 민감하게 반영하기 마련이기 때문이다. 따라서 상업용 수익형부동산은 유동인구가 많은 역세권 등 비교적 불황에 강한 지역을 고르는 것이 좋다.

앞으로 3년, 꼬마빌딩의 미래는 어린아이가 성장하는 것처럼 왕성하게 발달할 것으로 전망된다. 그 결정적 이유는 저금리시대에 워낙 많은 수요자가 있기 때문이다. 경기상황에 따라 조정 국면을 받을 수도 있지만 꼬마빌딩 시장만큼은 꾸준한 투자 붐을 바탕으로 성장세가 이어질 것으로 전망된다.

key point

향후 3년은 저금리 기조가 이어질 것으로 예상된다. 이런 시기를 놓치지 말고 반드시 수익형 꼬마빌딩의 주인이 되기 위한 노력을 게을리하지 말자. 하늘은 스스로 돕는 자를 돕는다고 했다. 간절히 두드리면 반드시 열릴 것이다.

똑똑한 소액투자로 성공적인 건물주 되기

"3억5천만 원으로
25억 원 건물주가 되다"

서울 왕십리에 거주하는 김기선(65세) 씨 부부는 정년퇴직 후 마땅한 수입이 없어 고민하던 차에 수익형부동산으로 꾸준히 월세가 들어오면 좋겠다는 생각 하나로 꼬마빌딩을 찾아나섰다. 부부는 거주하고 있는 서울을 투자 지역으로 선정했으며, 서울에서도 대학가와 역세권이 공존하는 화양동의 원룸빌딩을 염두에 두고 부동산을 탐색하다가 마침 필자에게 우연찮게 상담을 받게 되었다. 시기는 2016년 12월로 2~3개월 후 신학기가 시작되면서 대학생들의 임대수요가 가히 폭발적으로 일어나는 시점을 예상할 수 있었다.

우선 지역은 주거용 수익형 꼬마빌딩으로서는 최적이라 할 수 있다. 건국대학교와 세종대학교의 학생 수가 약 3만6천여 명으로 학기 초에는 그야말로 임대시장 전쟁이라고 해도 과언이 아닐 정도로 수요층이 폭발적이다. 신규 공급이 꾸준히 이어지고 있지만, 공실에 대한 염려는 안 해도 좋을 탁월한 입지여건을 갖추고 있다. 지하철 7호선을 통하여 강남까지 접근성이 좋아진 점은 직장인 수요층을 끌어오기에 충분하기도 하다.

건대 상권과 더불어 성장해가는 화양동 먹자골목 상권은 젊은이들의 밤문화가 형성되어 상가권리금도 상당히 높게 형성되어 있기도 하다.

김 씨 부부는 우선 본인의 투자금액 전부인 3억5천만 원을 일시불로 내면서 컨설팅을 의뢰했다. 그런데 사실 소유권이전등기비용과 중개보수료 등을 포함하면 자금은 턱없이 부족했다. 하지만 꼬마빌딩 25억 원짜리 물건의 건물주가 되었다. 그 성공적인 요인을 살펴보자.

1) 탁월한 지역 선정

우선 입지 면에서 가장 우수한 지역을 선정한 점이 결정적인 성공요인이다. 화양동 지역은 주거와 상업기능이 혼재된 준주거지역으로 건국대학교와 세종대학교의 풍부한 학생수요층(학생수 약 36,000여 명)과 강남·북의 직장인 수요층을 바탕으로 안정적인 임대수요를 충족할 수 있는 요지이다. 역세권으로 내부분 차량이 없는 학생수요층이 주거하기에 안성맞춤이다.

2) 개별 물건의 선택

구체적인 꼬마빌딩은 신축 중인 물건으로 입주가 2월 초 즉 신학기에 이루어지는 물건이었다. 계약시점에서는 아직 내부공사도 하지 않은 외관공사 중이었는데 신축으로 엘리베이터가 설치되고 원룸에는 냉장고, 에어컨, 세탁기, 붙박이장, 신발장, 인덕션 등의 풀 옵션으로 제공된다는 점도 수요층을 움직이게 한 원동력이다.

3) 적절한 금융대출활용

사실 25억 원이라면 상당히 부담스러운 가격이 아닐 수 없다. 하지만 아직 임대차가 완료되지 않은 상태라서 금융권의 대출승계가 무난히 이루어질 수 있어서 자금 부담 없이 잔금을 이행할 수 있었다.

4) 준공된 지 한 달 만에 전 호실 임대완료

건물 준공이 학기 초인 2월 초에 입주가 시작되는 기막힌 입주시기의 리듬을 타고 임대가 완료되었다는 것은 그만큼 자기자본을 들이지 않고 타인자본을 얻어서 잔금을 치르는 결과를 가져다준 셈이다. 금융권의 대출은 일정금리를 지불해야 하지만 임대보증금은 전혀 그에 대한 대가를 지불하지 않아도 되는 그야말로 무이자 대출을 얻어 쓰는 셈이다. 본 꼬마빌딩은 건축 준공 후 곧바로 전세보증금과 월세를 매수자의 자금사정에 따른 맞춤전략을 세우고 실행했기에 소액의 자금으로도 건물주가 될 수 있었던 것이다.

5) 컨설팅업체와의 긴밀한 유대관계 및 신뢰

다른 요인들도 중요하지만 필자에게 전적으로 업무진행 과정을 위임하고 믿고 따라준 매수자의 전폭적 지지 덕분으로 어렵지만 순탄하게 일이 마무리될 수 있었다. 사실 계약 당시부터 모든 프로세스를 위임하고 등기비와 수수료까지 일시에 지불하고 위탁하는 고객이 몇 분이나 될까? 하지만 부동산투자 경험이 부족해서 불안심리가 극도로 많은 상태에서는 전문가에 의지하여 도움을 받는 전략도 주효하다고 할 수 있다.

이상과 같은 5가지 요인으로 소액투자로 25억 원이라는 반듯한 건물주가 될 수 있었다. 본 꼬마빌딩의 투자키워드는 '역세권+대학가+신축+승강기+준주거지역+원룸+고수익'이었다.

투자 포인트는 다음과 같다.
-건국대, 세종내 인접한 대표적인 대학밀집지역으로 학생임대 선호
　지역
-지하철 7호선 어린이대공원역 4번 출구 도보 5분 거리 역세권
-준주거지역으로 용적률이 높아 수익률 높음
-엘리베이터 설치로 편리한 주거생활 만족

소액투자로 성공적인 건물주를 만들어준 주거용 수익형 꼬
마빌딩

-2017년 2월 준공된 물건으로 건물관리 최상

-강남과 강북 접근성 용이(청담대교, 영동대교, 동일로)

-향후 자본이득과 임대소득의 실현으로 두 마리 토끼 사냥 가능

-매매가, 전세가, 월 임대료 3박자가 절대 하락 없는 특급 위치

-연 임대수익률 9.46%의 고수익 실현

2
chapter

꼬마빌딩

기초 투자 전략

01

꼬마빌딩 사려면
현금은 얼마나 있어야 하나?

　서울시 구의동에 거주하면서 건대상권 호프집을 수년째 운영하는 김성진(54세) 씨는 호프집을 정리하고 이제는 수익형부동산으로 안정적인 노후대비를 해볼 생각이 굴뚝같다. 하지만 수중에 가진 현금이 별로 없어 고민 중이다. 여기저기 흩어진 자금을 모아보니 약 5억 원 정도인 듯하다. 과연 이 자금으로 꼬마빌딩을 매수할 수 있을까? 전전긍긍하다가 총 매매금액에서 대출금과 보증금을 공제하고 실투자금액 5억 원 정도로 매수할 만한 꼬마빌딩을 찾기로 했다. 대충 계산해서 대출이자를 공제한 후 수익이 안정적으로 될 수 있는 꼬마빌딩은 약 20억 원 선에서 잘하면 잡을 수 있을 것 같은 확신에 여기저기 발품을 팔고 있다.

　생각보다 쉽지는 않았지만 드디어 평소 눈여겨 봐두었던 건대상권 안에 있는 꼬마빌딩을 매수했다. 이미 가격이 오를 대로 올라 큰 시세차익을 기대하기 어려울 것이라는 주변의 평가를 듣기는 했다. 그럼에도 현재는 약간의 시세차익이 기대되기도 하고 투자수익률 4.5%대의 안정적인 임대수익을 올리고 있었다.

초저금리 시대가 몇 년째 이어지면서 최근 김 씨처럼 50억 원 이하의 꼬마빌딩에 투자하는 사례가 늘고 있다. 꼬마빌딩은 대개 지상 3~5층 규모의 중소형 빌딩으로 금융상품의 기대수익률이 과거처럼 높지 않고, 수익형부동산의 투자수익률이 웬만한 금융상품의 수익률을 상회한다는 점에서 안전한 투자처로 주목받고 있다. 일각에서는 자산가들 사이에서 30~50억 원대의 꼬마빌딩은 없어서 못 살 정도라는 말도 심심찮게 나오는 상황이다.

아울러 자산가들이 4~5% 수익률에도 불구하고 빌딩 투자에 나서는 가장 큰 이유는 소위 '레버리지' 효과 때문이다. 레버리지 효과란 타인으로부터 빌린 자본(대출금)을 지렛대 삼아 자기자본이익률을 높이는 것을 의미하는데, 가령 자기자본을 100% 투자할 때 수익률이 3%라면 융자를 통해 자기자본 비율을 낮출수록 자본 대비 수익률은 상승하게 된다.

물론 이 시나리오는 임대수익이 금융비용보다는 높아야 하는 것을 가정하기 때문에 저금리야말로 수익형부동산의 핵심이라고 할 수 있다. 또한 베이비붐 세대와 그 이상의 연령층에서도 목돈을 현명하게 운용하려는 열기가 더해져 관련 매물 문의가 이어지는 양상이다. 다만 꼬마빌딩이 아무리 귀한 몸이라도 마구잡이식 투자는 자칫 낭패로 이어질 수 있어 주의가 필요하다.

이렇듯 꼬마빌딩을 매수하는 데 매매가 총액이 있어야만 접근할 수 있는 것은 아니다. 실제 매수하는 데 소요되는 실투자금액을 산정하고 그에 맞는 자금전략을 구사하면 충분히 꼬마빌딩에 접근할 수 있다.

꼬마빌딩 매수자금에 필요한 구체적인 금액은 그 물건의 보증금과 대출가능 여부에 따라 천차만별 다를 수 있으며, 거기에 레버리지 효과를 이용하면 소액이라도 용기 있게 모두가 꿈꾸는 건물주의 반열에 올라설 수 있는 것이다.

지금 꼬마빌딩을 매수하려는 사람들은 본인의 자금과 은행 대출을 최대한으로 활용하고 있다. 대출한도는 은행마다 약간의 차이는 있지만 매매가의 50% 정도는 대출을 제1금융에서 해주고 있다. 근래에 들어와서 대출에 약간의 규제를 하고 있지만 그래도 신용에 문제가 없고 건실한 담보물이라면 50~60% 정도는 대출이 되고 있다.

부동산으로 재테크를 하려면 주거래은행을 하나 만들어두고 또한 주거래 부동산중개업자를 사귀라는 말이 있다. 일상생활에서 은행과 부동산 중개업자는 재테크의 밑거름이다.부동산을 취득할 때 돈이 부족할 경우 대출을 받기도 하지만, 자산가들은 세금 문제 때문에 대출을 활용하는 경우가 많다. 자금 출처 문제를 밝히기가 쉽고 또 나중에 탈이 없기 때문이나.

예를 들어 30억 원을 현금으로 보유하고 있는 매수 희망자가 있다고 하자. 그 매수 희망자가 30억 원의 빌딩을 사는 것보다는 은행에 대출을 받아 50~55억 원짜리 빌딩을 투자할 때 수익률 면이나 향후 매도 시에도 유리할 것이다. 즉 매월 나오는 임대 수익도 유리하고, 빌딩 자체

실투자금액에 맞춘 자금전략을 구사하면 꼬마빌딩에 접근할 수 있다.

가 상승하는 금액도 유리하다. 30억 원대 빌딩과 55억 원대 빌딩을 비교하면 55억 원대 빌딩이 위치라든지 자산 가치적 측면에서 더 좋다는 것이다.

사실 재테크 하는 사람들은 본인의 자금으로만 하는 경우가 극히 드물다. 대출이라든지 임대보증금이라든지 하는 타인의 자본을 잘 활용하여 투자의 폭과 가능성을 확장하는 것이다.

상가건물, 즉 빌딩은 주택과는 다르다. 주택은 자기가 거주 목적으로 매수하고 세를 주기도 하지만, 상가 빌딩은 월세를 받고 또 시세차익을 보기 위하여 구입한다. 은행 대출이자는 월세 나오는 것으로 대체하고도 수익이 남는다면 빌딩을 구입할 때에는 은행 대출을 적극 활용할 필요가 있다.

꼬마빌딩을 구입할 때 입지, 건물 상태도 중요하지만 근본적으로 그것을 매수할 수 있는 자금력을 갖추고 있느냐에 성패가 달려 있다. 아무리 구입의사가 많다고 할지라도 구입할 수 있는 구매력, 즉 자금이 없으면 허사이기 때문이다. 본인이 투자할 수 있는 실투자금액에 따라서 임대보증금과 대출금을 설정한다면 충분히 미래가치가 보장되는 꼬마빌딩의 주인공이 될 수 있을 것이다.

꼬마빌딩
구매의 시작은 현장답사부터

서울 중랑구 면목동에 거주하는 강명기(63세) 씨는 군자동의 꼬마빌딩을 매도한 뒤 더 좋은 조건으로 꼬마빌딩을 찾고자 30여 물건을 답사했다. 주로 대학가와 역세권 주변으로 신축 꼬마빌딩에 관심이 많았다. 강 씨가 매도한 꼬마빌딩은 군자동 준주거지역의 8층 건물이었는데 매도 이유가 조금은 의아스럽기까지 하다. 매도의 결정적인 이유는 불법증축으로 인한 강제이행부담금 부가와 대출로 인한 스트레스라고 했다. 솔직히 이 분은 수익형부동산을 통하여 노후대책을 세우기는 쉽지 않을 것 같다. 지하철로 이동해서 해당지역의 주변 인프라가 어떻게 형성되어 있는지부터 탐색하고 구체적인 꼬마빌딩을 찾아야 한다. 그래야만 안정적인 임대수익을 실현하는 데 이상이 없다.

현장답사의 중요성은 부동산투자에서 가장 중요한 부분 중 하나로 절대로 간과해서는 안 된다. 현장답사를 통하여 모든 것이 결정된다. 특히 수익형부동산은 단순한 시세차익형 부동산보다는 면밀히 살펴볼 사항들이 더 많다. 보다 더 높은 수익창출을 위한 물건을 잡기 위해서는 현장답사가 최우선이다. 쉽게 말해 발품 팔아보고 또 보고, 파헤치고 또 파헤쳐 선택한 물건은 수익이 날 수밖에 없다. 경매를 통해 매수의사가 있다면 감정평가서만 봐도 현장사진을 볼 수 있고, 네이버나 다음 지도만 봐도 항공사진에 로드 뷰까지 볼 수 있다. 그렇지만 우리가 현장답사를 가야 하는 이유는 반드시 임장을 통해서만 보이는 몇 가지 '숨은 암초들' 때문이다.

실제로 답사한 물건의 예를 통해서 현장답사의 중요성을 알아보자.

경기도 구리의 상가건물을 보러 간 적이 있는데 지도로 보니 상가 입구와 지하철역은 50m 안으로 역세권이며, 바로 옆 건물에는 최고의 입지로 알려진 파리바게트 제과점도 있었다. 서면 상으로 확인했을 때는 수익률도 좋아 보이는 상가였다.

현장답사를 통해서 마음에 들면 계약서에 도장을 꾹 찍고 오겠다는 일념으로 바로 달려갔다. 하지만 도면상과 로드 뷰를 통해서 보니 완전 다른 결과가 나타났다.

1층에 편의점이 자리 잡고 있어 그럴듯한 4층으로 구성된 상가건물이었다. 하지만 결정적인 하자는 바로 1층을 제외한 나머지 층은 세입자 자체가 없었고 편의점 월세도 극히 저렴한 수준이었다. 대출을 부담하고 매수해도 이자도 안 나올 정도로 임대료가 낮았고, 내부도 단기세입자가 많이 치고 빠져 엉망이라 손 갈 곳이 많았다. 또 역세권이기는 하나 상가 공급이 과다한 지역이었고, 유동인구가 많지 않은 역이라는 사실을 알게 되었다.

이처럼 임장활동은 부동산에 투자하려는 사람들에게는 반드시 거쳐 가야 할 필수코스다. 좀 귀찮고 번거롭다고 할지라도 본인이 투자한 금액을 지키고 수익률을 안정적으로 실현하기 위해서는 100번이라도 해야 한다.

또한 현장답사를 통해서 잊지 말아야 할 것은 주변건물의 매각사례와 임대차 시세현황이다.

이런 것들을 파악하지 못하면 터무니없는 가격에 매수하거나 부풀려진 임대시세에 허황된 임대수익을 꿈꾸게 돼 결국 투자실패로 이어질 것이 자명하다.

1) 현장답사의 중요성

시장에 나온 물건의 위치, 도로의 사항, 주변건물의 사항 등 물건의 실제 사항과 가치를 평가하고, 등기부등본, 토지대장, 건축물대장, 토지이용계획확인원, 지적도 등과 같은 공부상의 서류와 현장의 상황이 일치하는지, 또한 보이지 않는 문제점이나 큰 하자는 없는지를 확인하기 위해서는 반드시 현장을 조사해야 한다.

현장답사는 아무리 강조해도 지나치지 않으며 꼬마빌딩을 매수하는데 가장 신경 써서 보아야 할 부분 중 하나이다. 현장답사는 많이 해볼 수록 그 실력이 향상된다. 부동산투자는 실제로 나의 재산이 움직이는 크나큰 법률행위이자 중요한 사안이다. 따라서 실수는 바로 금전적 손실로 연결된다는 점을 인식하고 현장답사를 통하여 공부상 보이지 않는 위험 요소들을 파악하고 제거하는 방법을 모색해야 한다.

2) 현장답사에서 확인해야 할 사항

① 현장 확인

공적장부와 현장의 물건이 일치하는지 확인하는 것이 중요하다. 지번을 확인하고, 지적도를 파악하여 현장의 상황들을 확인하고 미래가치를 예상해보아야 하며, 물건의 향(위치)에 따라 가격의 차이가 커질 수 있으므로 잘 살펴보아야 한다. 물건을 활용하려는 목적에 따라 교통 또한 매우 중요한 비중을 차지하므로 목적에 맞는 접근성이 용이한지를 파악해야 하며 주변의 학군 또한 주택의 가격에 상당한 영향을 줄수 있으므로 주변의 학교 시설을 주의 깊게 돌아보아야 한다. 주변에유해시설이 인접해 있으면 주택의 가격 상승에 악영향을 줄 수 있으므로 유해시실(화장터, 납골딩, 쓰레기 소각장, 가축농장, 군부대의 사격장, 고전압의 철탑 등)의 유무를 반드시 확인해야 한다. 공장이나 토지, 임야등 경계가 불분명한 부동산을 입찰하는 경우에는 지적도, 건축물대장, 토지대장, 토지이용계획확인원을 지참하고 현장을 방문하여 공부와 현황이 일치 하는지 확인해야 한다.

임야의 경우는 그 경계를 정확하게 특정하기가 어렵기 때문에 해당 시, 군에서 임야도와 지형도를 확인하여 능선과 계곡을 중심으로 구분하고 주변의 건축물이나 지상 축조물 등을 참고로 확인해야 한다. 정확한 위치를 찾기 어렵다면 해당 동네 이장 등에게 문의하는 것도 방법이다.

임야는 경사도가 완만한 것이 좋다. 임야를 다른 용도로 전용할 것을 고려한다면 경사가 급한 것보다 완만한 것이 비용이나 전용허가를 받는 데 유리하다.

또한 진입로가 있어야 한다. 도로가 없으면 주변의 도로를 매입해야 하는 등 통행로 확보에 많은 비용이 소요될 수 있다. 임야는 거래가 잘 되지 않으므로 정확한 시세 판단이 어렵다. 따라서 공시지가와 인근의 농지나 대지의 가격 또한 인근 중개업소의 매물 가격 등을 조사하여 비교·판단해야 한다. 위와 같은 사항을 토대로 토지이용계획확인원 등을 발급받아 용도 지역을 확인하고 취득 목적에 적합한지를 충분히 검토해야 한다. 지역의 개발사항이나 허가조건, 향후 개발사항 등에 관한 사항은 해당 지자체를 직접 방문하여 담당자에게 그 답변을 듣는 것이 가장 좋다.

② 권리관계분석

실제로 점유하고 있는 사람이 누군지 파악해야 하며 채무자가 살고 있는지, 임차인이 살고 있는지 알아봐야 한다. 점유자를 직접 만나서 물어보거나 만날 수 없다면 주변 탐문을 통하여 확인하는 절차를 거쳐야 한다. 유치권이 신고된 물건이나 법정지상권 성립여지가 있는 물건에 대해서는 그에 따른 현장의 상황을 점검해야 한다. 유치권의 경우는 실제 공사의 내역을 확인해야 하며 그 물건의 점유를 누가 하고 있는지 정확하게 파악해야 한다. 유치권 공사내역을 신고한 공사업자가 등재되어 있으나, 실제로 현장의 점유자는 다른 사람인 경우가 많은데, 유치권은 그 점유와 생명을 같이한다는 점에 주목해야 한다.

주거용 건물은 해당 동사무소를 방문하여 세대열람을 신청하여 다른 임차인이 전입되어 있는지를 반드시 확인해야 한다. 주택임대차보호법 제3조 1항의 내용은 임대차는 그 등기가 없어도 임차인이 주택의 인도와 주민등록을 마친 때에는 그 익일로부터 제3자에 대하여 효력이 생긴다. 이 경우 전입신고를 하면 주민등록 된 것으로 본다고 규정하고 있다. 즉 임차인으로서 제3자에게 공시할 수 있는 조건이 전입이 선행되어 있어야 한다는 것이다.

③ 시세파악

수익률을 계산에서 가장 중요한 것 중 하나가 현장의 정확한 시세를 파악하는 것이다. 크게 중요하지 않다고 생각하는 사람이 많아서인지 의외로 시세 파악에서 많은 실수를 한다. 실무 경험을 돌이켜보면 시세를 너무 맹신하는 경우가 있다. 주관적인 생각보다 현장 전문가들의 의견에 귀 기울여 통상적인 거래가를 파악할 수 있도록 해야 한다. 현장답사를 하면서 최소 3곳 이상의 공인 중개업소를 방문해볼 것을 권한다.

현재 거래되는 시세, 임대가, 평당 가격, 최근의 거래내역, 급매물의 현황 등을 빠짐없이 파악하려고 노력해야 나중에 시세 착오로 인한 손해를 줄일 수 있다.

아파트의 경우는 그 가격이 거의 정형화되어 있어 시세를 파악하는 것이 그리 어렵지는 않으나 단독주택이나 토지, 상가, 공장 등과 같은 물건들은 그 시세를 가늠하기가 그리 쉽지 않으니 반드시 여러 곳의 중개업소를 방문하여 평균 가격을 판단할 수 있는 근거 자료를 조사하자.

빌딩의 경우는 임대 가격을 기준으로 매매되는 경우가 많다. 아무리 좋은 빌딩이라 할지라도 임대가격이 낮으면 매도가 쉽지 않다. 따라서 빌딩물건을 답사할 경우 그 입지조건을 잘 파악하고, 인구의 유동성, 근처의 세대수, 주요출입로 등 여러 각도에서 접근성을 판단해야 하며, 낮 시간대와 저녁 시간대 등을 구분해서 현장을 방문하여 상황을 파악하는 것이 중요하다.

현장답사를 게을리하면 부동산투자의 한 축을 포기하는 것과 다름없다. 초보자들이 부동산에 빨리 적응할 수 있는 것은 많은 발품을 팔아 얻은 현장의 소중한 정보들이다. 이런 정보들을 잘 정리하여 조목조목 항목별로, 지역별로 작성해놓는다면 자신만의 좋은 데이터베이스가 되어 알찬 정보를 얻을 수 있을 것이다.

부동산을 구입할 때 가장 중요한 요소가 바로 현장답사이다. 다른 말로 임장활동이라는 것이다. 현장답사를 통해서 시세파악은 물론 주변의 혐오시설이나 임차 현황을 알 수 있다. 더불어 향후 미래가 치를 가늠할 수 있는 개발호재까지 탐문할 수 있다. 현장답사는 꼬마빌딩의 건물주가 되기 위한 중요한 사전 단계임을 명심하자.

03

나에게 맞는
꼬마빌딩의 유형은 따로 있다

경기도 구리에 거주하는 김민재(62세) 씨는 서울의 대학가인 신촌에 원룸빌딩을 20억 원에 어렵사리 매수한 후 위탁관리비가 아까운 나머지 건물관리업체도 선정하지 않은 채 본인이 직접 관리해오고 있다. 그런데 몇 달이 지나자마자 김 씨는 밀려오는 스트레스에 정신을 차릴 수가 없다. 이유는 빌딩이 준공된 지 10년이 넘어서 건물하자가 발생하는 빈도수가 늘어나고 이에 공실까지 생겼기 때문이다. 객관적으로 볼 때 도저히 김 씨하고는 수익형 건물의 유형이 맞지 않는 것 같다는 판단을 하게 된다. 차라리 세입자가 별로 들어 있지 않은 상가빌딩을 매수했다면 결과가 다르게 나오지 않았을까 하는 생각을 해본다.

꼬마빌딩이라고 다 같은 꼬마빌딩이 아니다. 엄연히 종류가 나뉘어 있다. 입지에 따라 상가주택형, 근린업무형, 업무중심형으로 분류된다. 상가주택형 상권은 단독·다가구주택이나 오피스텔이 밀집된 지역에 위치한 상가빌딩 상권을 말한다. 보통 출퇴근 시간대에 유동인구가 많은 입지일수록 임대수익이 높다.

근린업무형 상권은 먹자골목이나 전통시장 인근 상권을 말한다. 주로 저층에 상가를 배치하고 고층에 사무실이 입점한다. 유흥상권을 중심으로 근린생활업종이 자리 잡는 만큼 퇴근시간 이후 유동인구가 많아야 상가 매출이 높다.

업무중심형 상권은 주로 대기업이나 관공서가 밀집된 지역을 의미한다. 아무래도 장사가 잘되는 커피전문점, 병의원 등 우량 임차인 입점 여부가 중요하다.

누구나 꼬마빌딩 한 채를 구입해 번듯한 임대사업자가 되길 꿈꾼다. 하지만 현실은 녹록치 않다. 당장 집값 마련도 쉽지 않은 마당에 수십억 원이나 되는 돈을 마련할 길이 없기 때문이다. 그렇다고 포기하긴 이르다. 본인에게 맞는 꼬마빌딩 유형은 반드시 있다. 예를 들면 갖고 있는 돈이 적다면 수익률이 적어도 임대보증금이 많이 들어간 물건을 찾을 수 있는데 나중에 자금사정이 좋아진다면 임대보증금을 전환하는 방법으로 수익률을 상승시기는 방법이 있다.

또한 신용등급이 좋다면 대출금액을 최대한 이용하여 투자하는 방법도 있다. 저금리시대에는 유용한 방법이다. 금리가 워낙에 낮아 수익률을 상승시키는 데도 유리하다.

그럼 자금이 얼마나 있으면 가능할까? 5억 원가량의 여윳돈만 있어도 얼마든지 건물 한 채를 구입할 수 있다. 수도권 일부 지역 동네상권의 경우 대출을 40~50% 정도 받는다면 10~12억 원의 건물 구입이 가능하다. 무조건 새 빌딩만 찾을 필요는 없다. 아무래도 가격 부담이 큰 만큼 입지가 좋은 노후 빌딩을 매입해 리모델링하는 것도 방법이다. 이때 가장 중요한 점은 임차인을 잘 고르는 것이다.

수많은 꼬마빌딩 중에서 과연 나에게 맞는 유형은 어떤 것일까? 투자자마다 자금여력, 투자성향 및 목적이 제각각인데 자신에게 맞는 꼬마빌딩을 매입하려면 어떻게 해야 할까? 투자에 앞서 꼬마빌딩 매입목적(임대수익, 시세차익, 직접사용) 및 투자자의 연령대, 자금현황 및 대출규모, 검토하고 있는 지역, 선호항목(도로너비, 역과의 거리 경사면, 코너, 용적률, 건물상태)을 고려해 자신만의 꼬마빌딩 매입계획을 세우는 것이 우선이다. 또한 공적장부(등기부등본, 건축물대장, 토지이용계획)와 소유주 확인, 최소 5번 이상의 현장답사, 주변 건물의 매각사례 검토 등은 필수다.

> **key point**
>
> 꼬마빌딩이라고 해서 모든 빌딩이 나에게 맞는 것은 아니다. 자금사정, 투자성향, 선호하는 지역, 선호하는 임차대상, 투자기간, 투자목적 등이 다르기 때문에 우선 내가 원하는 빌딩은 무엇이 맞는지 자체분석을 하는 것이 중요하다. 즉 나의 목표설정을 확실히 하고 그 목표를 향한 발걸음을 힘차게 내딛어야 할 것이다.

꼬마빌딩,
투자의 목적을 명확히 하라

  무슨 일을 하든 목적이 분명하고 확실해야 그 일을 쉽고 빠르게 달성할 수 있다. 목표가 있는 사람과 없는 사람은 천지 차이다. 달성하고자 하는 꿈의 목표를 향하여 달려갈 때 방향성과 지름길을 알려주는 것이 바로 목적이라고 할 수 있다.

  꼬마빌딩 열풍에 너도 나도 그 붐을 따라가는데 아무런 투자 목적도 없이 그저 건물주가 되려는 꿈에 부풀어 애초부터 투자 목적을 고민하지 않고 빌딩을 사들인다면 대형참사로 이어질 가능성이 높다. 건물에서 발생하는 임대수익과 매각하면서 발생하는 시세차익 둘 중 어느 쪽에 비중을 둘 것인지 미리 선택해야 한다. 또한 본인이 직접 사용할 용도의 꼬마빌딩을 투자할 것인지도 살펴봐야 하는데, 본인이 하는 사업 용도에 따라 주차장 크기라든지 사무실 면적이 결정될 수 있다. 일반

■ **꼬마빌딩 투자목적**

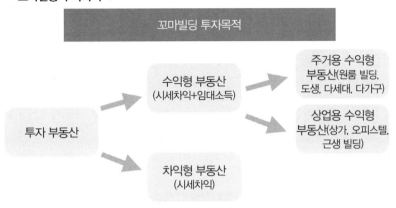

투자자들은 대부분 임대수익형 건물을 사놓고 과도한 시세차익을 노리는데 이는 잘못된 선택이라고 볼 수 있다.

사례를 들어보자. 당초부터 시세차익의 목적을 가지고 있지 않고 무턱대고 수익률의 환상에만 취한 나머지 덜컥 매입을 결정한 서울 방배동에 거주하는 김동현(55세) 씨의 경우를 살펴보자.

2014년 2월에 김 씨가 매입한 건물은 본인의 거주지역과 가까운 방배동 카페골목의 번화가 대지 165㎡ 4층짜리 상가건물이다. 매입 금액은 총 35억 원으로 임대보증금 4억 원에 월 1300만 원의 임대료가 나오는 연 임대수익률 5% 정도의 우량 물건이었다. 그런데 알고 보니 시세보다 확연하게 비싸게 매입했다는 사실을 알게 되었다. 주변 시세보다는 최소 20% 정도 비싸게 매입한 것이다. 임대료도 시세 이상으로 부풀려져 있었다. 임대차기간이 만료됨에 따라 재계약을 위한 신규 임차인을 구하려는데 그 시세에는 도저히 구할 수 없다는 것을 알게 되었다. 임차인을 쉽게 구하기 위한 일환으로 3억 원을 들여 건물 리모델링을 진행했지만, 공실은 쉽게 나가지 않았다. 그래서 고민 끝에 다시 매도를 하기로 결정하고 부동산중개업소에 물건을 의뢰했지만 그것마저도 쉽지 않다.

투자의 실패원인을 살펴보자. 김 씨는 목적을 정확히 세우지 않고 분위기에 편승해 투자했다는 것을 알 수 있다. 시세차익인지, 임대수익인지를 먼저 구분하고 그에 맞는 투자전략을 구사해야 하는데 이도저도 아닌 애매한 전략을 구사했기 때문에 실패하고 말았다.

또 하나의 사례를 살펴보자. 경기도 구리에 거주하는 박은주(56세) 씨는 그동안 옷가게를 운영하면서 모은 종잣돈을 사용해 노후대책으로 수익형 꼬마빌딩에 투자하기로 마음먹었다. 지역을 탐색한 끝에 인천의 주안역 일대를 주목했다. 당시 투자 목적은 안정적인 임대수익을 실현하는 것이었다. 나이가 점점 들면서 예전처럼 옷가게를 운영하기가 힘에 부쳤기 때문이다. 마침 인천 주안역 출구 앞 대로변 건물이 매물로 나왔다는 정보를 받고 시세보다 저렴한 비용에 빌딩을 매입할 수 있었다.

문제는 2년 뒤, 주안역 상권이 유동인구가 조금씩 줄어들기 시작하더니 세입자들에게 재계약 의사가 없다는 해지통보를 받게 된 것이다. 부랴부랴 부동산에 홍보하며 발품을 팔아봤지만 이전처럼 우량 임차인을 구하기 어려웠다. 인천 주안역 상권은 2000년대 초·중반까지만 해도 24시간 젊은 층이 많이 모이는 곳이었다. 그러나 구월동이라는 새로운 신흥 상권이 등장하면서 '상권의 이동'이 생겼다. 상권이란 한 번 다른 곳으로 이동하면 본래대로 회복하기 어렵다. 특히 수도권 및 지방 도시들은 유입인구의 한계로 상권의 변동에 항상 예의 주시할 필요가 있다.

빌딩 투자에서 가장 큰 핵심은 바로 공실여부이다. 공실 없이 우량 임차인에게 임대를 놓아야 안정적인 임대수익을 올릴 수 있기 때문이다. 그러나 과거 좋았던 시절의 상권만 떠올리고 덜컥 건물을 매입하여 큰 손해를 볼 수 있다.

위의 실패사례에서 배울 수 있는 교훈은 안정적인 임대수익을 목적으로 했는데 그 안정적인 임대수요를 이어갈 만한 동력이 꾸준히 존재하지 않는다는 것을 간과해서 실패할 수도 있다는 점이다. 특히 상업용 수익형 빌딩을 매수하려는 사람들은 주거용 수익형 꼬마빌딩인 원룸빌딩을 매수하려는 사람들보다 더 열심히 현장답사를 하고, 미래 상권의 흐름을 예측하고 치밀한 전략을 강구해야 성공할 수 있다는 점을 명심해야 한다.

key point

투자 목적에 따라서 모든 하부 목표들의 방향 설정이 결정되기 때문에 투자 목적의 설정은 대단히 중요하다. 예를 들어 꼬마빌딩을 차익실현 위주로만 생각하고 있다면 개발호재가 특히 많은 지역으로 물건탐색이 이루어져야 할 것이다. 이처럼 투자목적은 투자 방향설정에 중요 요소이다.

05

꼬마빌딩,
매물 답사 시 주의할 점

경기도 안산 상록수역에서 학원강사를 수년째 해오던 이정성(49세) 씨는 상가빌딩을 구입하고자 하는 마음에서 여러 차례 현장답사를 통해서 드디어 계약서에 날인하고 꿈에 그리던 건물주가 되었다. 하지만 5개월이 지난 후 세입자들이 하나둘 나간다고 난리다. 한꺼번에 밀려오는 자금압박에 이만저만 신경 쓰이는 것이 아니다. 어쩔 수 없이 급전을 융통해서 간신히 막기는 했지만 공실에 따른 수익률이 너무 바닥을 치고 있어 잘못된 투자를 한 것이 아닌가 생각해본다. 이 씨는 현장답사를 외부 건물 모습에만 치중한 나머지 세입자 현황이나 인근의 임대시세, 만기일 등에는 전혀 신경을 쓰지 않았던 것이다. 그리고 이것이 화근이 되고 말았다.

최근 중소형 빌딩 시장이 부쩍 커지면서 많은 사람들이 버젓한 빌딩을 가진 '건물주'가 되기를 꿈꾼다. 하지만 투자 수익을 목적으로 적지 않은 금액이 들어가기 때문에 미리 알아둬야 할 것들도 꽤 있다. 꼬마빌딩을 매입하기 위한 최종적인 단계이면서 제일 중요한 일인 매물답사를 살펴보자. 그저 외관만 좋다고 섣불리 투자했다간 낭패를 보기 십상이다. 우선 답사 시 가장 중요시하게 생각해야 하는 것들을 살펴보면 다음과 같다.

1) 투자자 자신을 알고 덤비자

꼬마빌딩을 답사하는 데 왜 자신을 알아야 한다고 주장하느냐고 반문할지 모른다. 하지만 정말 중요하다. 나를 알아야 그에 맞는 물건을 선택할 수 있기 때문이다. 즉 어떤 지역에 어느 정도 규모의 건물을 원하는지, 이에 따라 동원할 수 있는 자금 여력은 얼마나 되는지 등을 살펴보는 것이 우선이라는 의미이다. 어떤 지역에서 어떤 건물을 통해 무엇을 실현하고자 하는지 목적이 명확해야 다음 단계로 진도를 수월하게 나갈 수 있다.

2) 자신이 잘 다니던 지역 먼저 살펴보자

아무래도 본인이 잘 다니던 지역은 우선 낯설지 않고 누구보다도 그 지역의 특징이나 상권의 변화, 시세흐름을 잘 파악할 수 있을 것이다. 또한 그 지역의 상권 분포나 유동인구 수준, 동선 등을 파악하기에도 어렵지 않다.

3) 건물상태에 따라 전략이 달라진다

건물의 외관은 첫 인상을 좌우하게 된다. 외관이 양호하면 왠지 마음에 끌리는 것이 인지상정이다. 하지만 외관에만 온통 신경을 다 쏟아 부으면 내면을 못 보는 경우도 발생한다. 어차피 준공연도가 어느 정도 지났으면 당연히 나이 든 값을 하게 되는 것이다. 또한 건물의 내부 상태도 중요하다. 하자보수는 임대수익의 적이 되기 때문이다. 건물상태가 너무 낡았으면 리모델링으로 건물의 가치를 끌어 올릴 수 있다는 점도 생각할 수 있다. 건물의 현 상태만 보고 투자를 결정해서는 안된다는 의미다. 리모델링은 임대수익률을 끌어 올릴 수 있을 뿐 아니라 건물의 가치도 높여 추후 매각 시 더 높은 가격으로 충분히 보상받고도 남을 것이다.

4) 눈이 너무 높으면 쉽게 건물주가 되기 어렵다

결혼을 앞둔 남녀가 선이라는 것을 보는 경우를 생각해보자. 본인의 조건은 생각하지도 않고 상대방의 조건만을 내게 맞추는 전략을 구사한다면 쉽게 성사되기 어렵다는 사실은 누구나 안다. 한마디로 눈이 너무 높으면 쉽게 결혼할 수 없다. 투자도 이와 마찬가지다. 빌딩 투자에 초보 투자자도 눈높이를 낮추는 것이 필요하다. 즉 본인의 자금 사정보다 비싼 건물을 매입하고 싶은 경우가 많다. 빌딩 투자는 시세를 정확히 파악한 뒤 자신의 자금 사정에 맞는 물건을 노려야 기회를 잡을 수 있다.

5) 임대차계약서 확인을 통한 안정적 임대수익을 실현하자

아무리 외관도 좋고, 입지도 훌륭한 꼬마빌딩이라 하더라도 결정적인 임대수익이 잘 실현되지 않으면 빛 좋은 개살구 꼴이 되기 십상이다. 매수할 건물을 골랐다면 해당 건물의 임대차계약서를 확인하는 것도 필요한 절차다. 건물의 수익률을 높이기 위해서 임대료 등을 부풀려 알리는 경우도 있기 때문에 매입 전 임대차계약서를 반드시 확인해야 한다.

6) 현장답사를 통해서 수익률의 함정을 파헤쳐라

수익형부동산의 가치평가는 수익환원법으로 평가하는 경우가 대부분이다. 즉 수익률에 따라서 그 건물의 가치가 좌우되는 것이다. 그런데 기대보다 높은 수익률로 포장된 꼬마빌딩이 있다면 그 함정에서 나오는 방법이 무엇일까? 바로 현장답사를 통한 주변 시세와 임대차 시세를 확인하는 방법이다. 이는 수익률과 직결되는 부분으로 정말 중요한 사항이다. 물건지 주변의 부동산중개업소와 온라인 정보 검색 등을 통하여 건물의 매도사례금액을 파악하고 주변 임차인들의 성향과 임차보증금과 월세 시세를 파악하는 것이 중요하다. 그래야만 시세보다 부풀려진 수익률의 함정에서 탈출할 수 있다. 순수익을 계산할 때 임대료에서 대출이자와 중개수수료, 관리비, 유지비, 세금 등의 지출요소를 빠짐없이 공제해야 정확한 수익률의 의미를 찾을 수 있다.

7) 현장답사 시 투자자의 기본적인 자세

첫째, 해당 부동산에 답사하기를 희망하면 중개업자는 소유자와 부동산 의뢰인이 방문하게 되는 시간을 정하게 된다. 이때는 정확한 약속시간을 정해서 서로에게 신뢰감을 줄 수 있어야 한다. 중개업자와 의뢰인이 처음 하는 약속인데 그때부터 느슨하게 시간개념이 없는 모습으로 접근하는 것은 좋지 않다.

둘째, 부동산 물건가격 수준에 맞는 전략적 옷차림으로 임한다. 부동산중개업자는 의뢰인에 대해 사전정보가 아무것도 없다. 처음 만났을 때의 옷차림과 느낌만으로 의뢰자를 평가할 수밖에 없다. 명품으로 치장할 필요까지는 없지만 트레이닝복에 슬리퍼 차림은 피하는 것이 좋다.

셋째, 현장답사 시 너무 초보적인 느낌이 안 들게 주의해야 한다. 초보적인 느낌을 준다면 아무래도 무시당하기 십상이고 가격흥정을 할 때에도 유리할 수 없다.

꼬마빌딩 매물 답사 시 주의할 점은 분명 물건이 전부 다 좋을 수는 없다는 것을 감안해야 한다는 것이다. 한마디로 산세 좋고 물 좋고 정자까지 좋은 곳은 없다. 본인의 자금사정에 맞는 물건을 찾아보되 리모델링 가능성, 신규 임차인 가능성, 향후 시세차익 실현 가능성 등을 면밀히 살펴보는 전략이 필요하다. 법적, 물리적 사항까지 모두 꼼꼼하게 체크해야 한다.

철저한 현장답사에서 발견한 우량물건

"3억6천만 원으로
화성시의 원룸빌딩을 매입하다"

서울 대치동에 거주하는 최명옥(53세) 씨는 그동안 부동산투자에는 전혀 관심이 없었다. 사실 인감도장을 이용하여 본인의 명의로 된 부동산에 투자해본 사례가 전무한 사람이었다. 심지어 분양권투자조차 한 번도 해보지 않았다.

그러던 중 노후대비를 위한 고민을 많이 하던 차에 부동산에 대한 눈을 뜨기 시작했다. 주변에서 꼬마빌딩을 통한 안정적인 월세를 바탕으로 여유로운 노년을 보내는 사람들이 많이 생겨니 부러움의 대상이 날마다 늘어나기만 했다. 이에 직장생활을 하면서 꼬박꼬박 모아온 종잣돈 3억 원을 모두 쏟아 부어서 20억 원짜리 물건을 잡았다.

최 씨가 주목한 지역은 서울은 아니지만 삼성전자와 그 협력업체가 많이 상주하고 있는 화성시 반월동의 대지 339㎡ 원룸빌딩이다. 안정적인 임대수익에 향후 자본이득까지 기대가 될 만한 지역이란 확신이 들어 몇 번의 현장답사와 부동산전문가의 도움을 받아 어엿한 건물주가 될 수 있었다. 그런데 과연 20억 원이나 되는 꼬마빌딩 물건인데 어떤 방법으로 투자금 3억 원으로 매수가 가능할 수 있을까?

우선 간략한 물건개요부터 보자.
- 대상지: 경기도 화성시 반월동 00번지
- 대지 면적: 339㎡
- 건물 면적: 762.24㎡
- 건물 개요: 2011년 준공, 지상1~5층, 승강기설치, 룸 32개
- 매매가: 20억 원
- 대출금: 5억 원(신한은행 3.2% 월 이자 133만 원)
- 임차보증금: 11억4천만 원/ 월 임대료 356만 원+관리비 170만 원
- 실투자금액: 3억6천만 원
- 월지출금액: 총 47만 원(세부내역으로는 승강기유지비 10만 원, 계단청소비 10만 원, 공용전기비 7만 원, 기타 유지보수비 20만 원)
- 연 임대수익률: 11.53%

이상에서 살펴본 주거용 수익형 꼬마빌딩은 우선 임대수익률이 11.53%의 고수익을 실현하는 우량 물건임을 알 수 있다. 공실을 염려했는데 전혀 걱정할 사항은 아닌 것 같은 이유는 바로 삼성전자 반월공장이 인근에 있으며 그에 따르는 협력업체가 상당수 포진하고 있기 때문

이다. 더욱이 화성시 반월동의 입지가 수원 영통지구와 바로 인접하여 인근 직장인들의 수요층까지 흡수하고 있다.

건물외관은 대리석 시공으로 깔끔하며 내부도 관리가 굉장히 잘되어 있는 느낌이었다. 1층은 주차장으로 사용하고 있는 비교적 넓은 대지 덕분에 주차공간이 여유로워서 세입자들의 선호도가 아주 높다. 승강기 설치는 건물의 가치평가에서 유리하며 편의사항 측면에서도 나무랄 데가 없다. 지역적으로는 인근에 산업단지가 밀집되어 있어 개발붐이 한창 진행 중에 있으며, 향후 지하철도 개통될 예정으로 시세차익은 확실할 물건으로 평가받고 있다.

투자자 입장에서는 32개 호실이 주는 의미를 잘 활용할 필요가 있다. 즉 전월세 전환을 통한 자금회전을 활발히 할 수 있다는 점이 주목된다. 쉽게 말해 자금이 갑자기 필요하면 월세 부분을 전세로 전환하여 '실탄'을 확보할 수 있다는 점이다.

무엇보다도 불법 확장한 부분이 전혀 없어 강제이행금이 부과되는 불상사가 없으며 임대사업자등록에도 전혀 문제될 것이 없다. 큰 도로변에서 한 블록 들어간 입지는 소음으로부터 보호되는 주거용 건물로는 안성맞춤이다.

이싱과 같은 평가를 빈는 본 꼬마빌딩의 성공 투자 포인트는 투자자의 투자마인드와 철저한 물건답사와 그리고 물건의 우량함, 나아가 지역개발 호재 등이다. 이들이 상호작용하면서 투자자는 남부럽지 않은 건물주가 되어 노후대책을 확실하게 대비할 수 있었다.

산업당지밀집지역의 주거용 수익형원룸
빌딩

수원지하철계획도

3

chapter

꼬마빌딩

실전 투자 전략

01

액수별
꼬마빌딩 투자요령

1) 나에게 맞는 꼬마빌딩 찾기

사실 투자자 본인의 자금사정이나 투자지역, 선호 물건 유형 등 완벽하게 들어맞는 꼬마빌딩은 없다고 할 수 있다. 다만 그에 맞춰가려는 최상의 노력 끝에 결과물이 만들어지는 것이다.

제일 중요한 것은 바로 본인의 투자금액이다. 여기서 투자금액은 실투자금액을 의미한다. 어떤 사람들은 총투자금액을 가지고 이야기하기도 한다. 10억 원을 가지고 꼬마빌딩을 매수한다고 가정해보자. 총액 10억 원이 대출금과 보증금이 포함되지 않은 금액이라면 실제로 30평 정도 조그마한 대지밖에는 매수가 불가능한데, 이는 미래가치 측면에서 실패한 투자라고 볼 수 있다. 왜냐하면 신축 시 아무래도 불리하기 때문이다. 건폐율 50%를 적용한다고 하면 건축바닥면적을 15평밖에 사용할 수 없다.

이에 비하여 똑같은 10억 원을 가지고 대출과 보증금을 최대로 추가하여 투자한 투자자는 대지 약 50평 정도의 물건을 매수할 수도 있다. 대출금을 이용한 레버리지 효과를 보는 셈이다. 그럴 경우 수익률도 높아지고 보다 더 활용가치가 높은 대지를 확보할 수 있어 향후 시세차익도 상당할 것이다.

이처럼 투자자금의 활용법을 이용하면 충분히 그에 맞는 전략을 구사할 수 있다. 또한 투자지역은 관리가 가능한 지역이면 금상첨화이고, 수익형 물건 중에서도 상업용인지 주거용인지를 구분하면 본인의 수익형 부동산 투자 리스크를 최대한 줄이면서 두 마리 토끼를 잡을 수 있다.

2) 아파트 팔고 10억 원대 상가주택 건물주 되기

서울시 구의동에 거주하고 있었던 김영순(58세) 씨는 그동안 정들었던 아파트를 처분하기로 결정했다. 이제 노년에 접어드는데 아파트를 깔고 앉아 살아본들 그 아파트를 통해 수익은 전혀 생기지 않고 오히려 매월 고정적으로 관리비를 납부하라는 고지서만 날아오고 있기 때문이다. 그렇다고 해당 아파트의 시세가 확연하게 오르는 것도 아니어서 그 아파트를 매도하고 신축형 상가주택을 매수하여 임대사업을 해보는 것이 어떨까 하는 생각이 들었다. 고민 끝에 부동산전문가의 상담을 받기 시작했다.

사실 용기를 내기가 쉽지 않았다. 정말 본인이 원하는 대로 관리비를 납부하는 대신 월 임대료를 받고 사는 여유가 본인에게도 찾아올지, 그 소박한 꿈이 실현될 수 있을지 의심스러웠다.

우선 본인이 살고 있는 아파트 매도전략을 구사했는데 그마저 쉽지가 않아 부동산중개업소에 중개수수료를 법정수수료보다 더 많이 지급한다는 것을 약속하고 전속중개계약서를 작성해주었다.

아파트를 매물로 내놓은 지 두 달째, 드디어 매매계약이 성사되어 그 계약금을 들고 상가주택 18억 원짜리 물건을 접하게 되었다. 해당 물건지는 광진구 군자역 역세권으로 2차선 도로변의 다세대 상가주택이다. 총 10개 호실로 구성되어 있는데 1개의 근린생활시설과 주인세대 그리고 나머지는 8개의 다세대주택으로 구성된 통상가건물이다. 신축으로 엘리베이터와 CCTV 등 편의시설이 전부 갖추어진 대지 약 50평의 5층짜리 물건이다. 주인세대는 복층으로 구성되어 공간 활용을 더욱더 할 수 있는 물건이다. 매매가 18억 원 중 임대보증금 10억 원/ 월 임대료 250만 원/ 대출금 2억 원으로 실투자금액은 6억 원이 소요되었으며 다세대주택으로 임대사업자에게는 취득세 감면혜택을 볼 수 있었다.

이상의 사례에서 핵심 포인트는 매월 돈이 나가는 것을 매월 돈이 들어오는 것으로 전환시켰다는 것이다. 또한 단순한 아파트에서 미래가치가 있는 상가주택으로, 본인이 거주하면서 대출이자를 공제하고서 일정부분 임대소득을 실현할 수 있다는 점이다. 돈이 나가는 것으로부터 돈이 들어오는 것으로의 전환이 키포인트다. 아파트 생활보다는 좀 불편할 수도 있지만 요즘처럼 불경기에 임대소득으로 또 하나의 소득을 실현한다는 것은 얼마나 행복한 일인가!

김 씨는 오늘도 주변 사람들에게 본인의 성공사례를 자랑하며 용기만 있다면 얼마든지 '돈 나오는 기계'를 장만할 수 있다는 것을 일깨워주고 있다.

3) 20억 원대 꼬마빌딩 성공투자전략

서울시 노원구 월계동에 거주하는 박문규(60세) 씨는 2016년 12월 서울 문정동에 23억 원대 꼬마빌딩을 매수했다. 매수자금은 본인이 거주하던 주택을 매도하고 난 25억 원을 절반으로 나눠서 하나는 월계동 대학가 원룸빌딩을 매수하고, 나머지 자금은 문정동 법조단지 맞은편에 대지 80평 근린생활 꼬마빌딩을 대출과 보증금을 안고 매수했다.

그 당시 법조단지가 입주 전이어서 입주 후 시세차익을 기대하고서 매수를 했는데 현 시점에서 상당부분 시세차익도 실현하고 있어 날마다 그 꼬마빌딩만 쳐다보면 밥을 안 먹어도 배가 부르단다. 그 건물은 문정역에서 도보로 약 5분 거리에 입지하고, 문정 로데오거리와도 인접하고 무엇보다도 문정동 법조단지 입주 후 주변 상권의 변화를 한 몸에 받는 입지라고 판단된다.

1층에는 상가, 2층에는 사무실, 3~5층은 주택으로 구성된 전형적인 상가주택형 꼬마빌딩으로 코너에 자리 잡고 있어 접근성과 가시성이 탁월한 점이 본 꼬마빌딩의 장점이라고 할 수 있다.

박 씨의 문정동 꼬마빌딩 성공 투자전략은 다음과 같다.

박 씨가 구입한 문정동의 꼬마빌딩

-딱 떨어진 투지목적: 시세차익형 꼬마빌딩 투자전략 구사 및 그에 맞는 입지선정 주효
-탁월한 입지 선택: 정방향의 대지모양에 코너 입지에 접근성 및 가시성 양호
-적정한 임대차구성: 상가와 사무실, 주택으로 구성된 적정 임대 3

박자로 공실 없음

- -개발호재 풍부: 인근 문정동 법조단지와 인근 위례신도시, 가든파이브 등 개발호재 혜택
- -적정한 투자금액: 대출과 보증금을 활용한 적정 투자금액으로 양호한 수익률 달성
- -적극적 건물관리: 직접 건물을 관리하면서 임차인의 민원까지 해결. 세입자 만족
- -전문가 친분유지: 정보는 곧 돈이 된다는 생각으로 부동산전문가와 긴밀한 친분유지

이상과 같은 남다른 꼬마빌딩 투자전략은 성공할 수밖에 없다. 수익형 꼬마빌딩 투자자들이 전부 똑같이 따라 할 수는 없겠지만 참고할 만한 키포인트가 될 수 있다.

4) 30~40억 원대 꼬마빌딩 성공투자 전략

30~40억 원으로 투자금액대가 넘어가게 되면 투자자들의 입장에서는 더욱더 신중을 기하고자 한다. 그 이유는 뭘까? 바로 꼬마빌딩을 선택할 수 있는 폭이 넓어지기 때문이다.

'수익률이 2%대지만 강남으로 갈까? 아니면 5%대의 강북으로 갈까?', '현재가치냐? 미래가치냐?' 등등 고민이 많아질 수밖에 없으며 그만큼 물건도 많다. 그러니 당연히 고민의 깊이가 더해질 수밖에 없다.

서울시 동대문구 장안동에 거주하는 이진성(55세) 씨는 보유한 빌딩이 협소하여 매각하고서 좀 더 넓은 사무실 공간으로 사용될 수 있는 건물을 찾고자 백방으로 탐색을 하고 다녔다. 40억 원대 물건으로 강남을 알아보았는데 시세가 급등하여 대지평수가 50평 정도밖에는 되지 않는다. 그 평수는 기존 물건과 다를 것이 없었기에 강북 쪽의 급매물을 찾아보기 시작했다.

사실 급매는 시세가 아니다. 이 씨는 과거에 급매물건을 찾다가 시기를 놓치는 경우가 종종 있었다. 그래도 이번에는 발품을 상당히 많이 판 덕분에 성북구 동소문동에 대지 127평의 전체 근린생활시설로 형성된 꼬마빌딩을 찾게 되었다.

무엇보다 넓은 대지평수와 넉넉한 주차공간 그리고 승강기가 지하부터 6층까지 운영된다는 장점이 눈에 확 들어왔다. 수익률도 양호한 편이다. 매매가는 43억 원이며 3억 원의 임대보증금에 월 1900만 원의 월세가 들어왔다. 이만한 물건이 강북이라도 그리 쉽게 나오지 않는다는 사실을 알게 된 것은 많은 발품을 팔고 난 뒤였다.

임차인들의 구성은 무역회사와 한의원 그리고 학원, 원룸 등으로 이루어진 생활밀착형 업종들이었다. 아무래도 아파트 밀집지역으로 그에 대한 풍부한 수요층이 한몫한 듯했다.

향후 안정적인 임대소득을 받다가 자본이득까지 실현될 수 있는데 그 자본이득을 볼 수 있는 것은 바로 지역개발호재가 충분하기 때문이다. 동소문동 일대가 대학가로 상권이 점점 발달하고 있으며 우이~신설동간 경전철 개통으로 그에 따르는 파급효과도 상당히 영향을 미칠 것으로 판단된다.

이상에서 살펴본 30~40억 원대 꼬마빌딩 성공투자전략은 우선 실탄 확보가 제일 우선인 듯하다. 물론 대출을 이용하여 투자금액을 최소화할 수도 있지만 그래도 자금이 많이 들어간다. 자금이 확보되었다면 본인의 투자목적에 맞는 물건 가지치기를 통해 매수가능성 있는 물건을 선별한다. 그런 후에 외관이나 내부시설을 답사하고 향후 리모델링 가능성 그리고 신축을 통한 수익성 제고 방법을 연구하는 등 건물주가 되었을 때 관리방안도 생각해본다.

모든 것이 다 그렇지만 관리가 중요하다. 특히 건물관리는 건물의 가치상승뿐만 아니라 안정적인 임대소득의 실현에 결정적 역할을 하기 때문이다.

5) 50억 원대 꼬마빌딩 성공투자전략

50억 원대 꼬마빌딩은 아마도 꼬마빌딩의 최고 어르신이 아닌가 싶다. 50억 원대는 근린생활시설 통건물 혹은 전체가 오피스텔로 구성된 통건물인 것처럼 규모가 남다른 물건이다. 그렇다고 특별한 성공투자전략이 존재하지 않는다. 소액투자나 큰 금액으로 투자하는 것이나 그 투자 포인트는 동일할 수밖에 없다.

50억 원대의 수익형 꼬마빌딩을 찾고 있었던 정성길(60세) 씨는 그 대상지역으로 광진구 화양동 상업지역 내에 있는 건물을 눈여겨보고 있다. 정 씨가 화양동 상업지역을 눈여겨본 이유는 바로 맞춤형 임대수익을 얻으려는 계획을 세웠기 때문이다.

해당 물건지 6차선의 건너편에는 병원들이 많이 입점해 있는데 본 물건지 인근에는 병원이 전혀 들어와 있지 않아 이곳에 신축을 한 다음 병원전문 빌딩으로의 특화를 계획했다. 차별화된 꼬마빌딩 투자전략이 아닐 수 없다. 매수대상지는 일반상업지역으로 용적률이 높아 신축이 가능하다는 점도 장점으로 작용했다.

인근지역은 건국대학교와 세종대학교 대학가와 젊은이들의 먹자골목으로 형성된 전형적인 소비지역이다. 또한 원룸수요층이 가히 폭발적이라는 표현이 어울릴 정도로 많아 학기 초가 되면 부동산중개업소마다 문전성시를 이루고 있는 진풍경이 벌어지곤 한다. 그러한 지역에 병원과 약국 그리고 원룸으로 구성된 도시형생활주택이 들어선다면 정말로 금상첨화를 이룰 수 있는 물건으로의 변신이 될 것이 확실하다.

현재 건물의 임차현황은 편의점과 PC방 그리고 고시원으로 구성되어 있는데 그 구성요소들만 봐도 사람들이 모여드는 곳이라는 것을 알 수 있다. 상기 꼬마빌딩은 현재가치보다는 미래가치가 훨씬 더 주목을 받는 물건으로 평가된다. 앞서도 말했지만 병원과 약국으로 특화된 임차인을 구성하면 그야말로 대박을 터트릴 수 있는 입지다. 매매가는 52억 원, 대지평수는 123평으로 3.3㎡당 약 4,200만 원 선이다. 이는 같은 화양동 상업지역 3.3㎡당 가격인 5,000만 원보다 가격경쟁력이 있다고 볼 수 있다. 가격이 저렴한 이유는 바로 땅의 모양새가 건축 시 핸디캡으로 작용했기 때문인데 인접 토지주와 합병분할방식으로 원만하게 해

서울 광진구 화양동 일반상업지역 내 50억 원대 꼬마빌딩

결할 수 있었다.

이처럼 50억 원대 꼬마빌딩 성공투자전략은 우선 현재가치도 중요하지만 미래가치를 염두에 두는 투자전략을 구사하면 더욱더 가치상승을 기대할 수 있다. 물론 그에 따르는 자금 확보도 중요하다. 자금이 부족

하면 친분이 깊은 사람들과 공동투자할 수도 있다. 하지만 사전에 합의할 사항을 면밀히 검토하여 신중을 기해야 한다. 평생 한두 번 투자할 만한 기회를 그리 간단하게 매매계약서에 도장을 날인하는 경우는 아무도 없을 것이다. 물건의 덩치가 클수록 투자자들은 부담스럽고 압박감은 더욱 배가될 것이다. 이러한 물건을 상담 받았을 때에는 나 혼자만 이 물건을 검토 중이라는 생각은 버리고 생각은 깊게, 판단은 빠르게 해야 한다. 우물쭈물하다가는 누군가에게 놓치기 십상이다. 부동산의 매매계약에서 2등은 의미가 전혀 없다. 오로지 1등만이 가치가 있을 뿐이다.

결론적으로 50억 원대의 꼬마빌딩 성공투자전략은 자금력 확보, 미래가치 판단, 결정 시 신속한 판단, 그리고 치밀한 물건분석이라고 요약할 수 있다.

key point

투자금액대별로 꼬마빌딩을 찾는 것은 굉장히 중요하다. 이를 토대로 본인의 투자금액에 맞는 맞춤전략을 구사할 수 있기 때문이다. 아무리 큰 떡이라 할지라도 본인이 먹지 못한다면 아무런 소용이 없을 것이다. 이처럼 본인이 투자할 수 있는 자금규모를 우선 파악한 다음 그에 맞는 우량 물건을 선택하는 지혜가 필요하다.

꼬마빌딩 신축하기

여기저기 매물을 둘러봐도 신통치 않을 경우 신축을 고려할 수 있다. 하지만 신축한다는 것은 아무나 할 수 있는 일이 아니다. 최초 검토단계에서부터 완공시점까지 고려해야 할 점이 한두 가지가 아니다. 원가는 조금 덜 들겠지만 신경 쓰이는 부분이 너무 많다.

1) 최적의 토지매입 요령

꼬마빌딩의 건물주가 꿈인 종로구 숭인동에 거주하는 허성순(59세)씨는 물건정보만 나오면 하던 일을 멈추고 곧장 달려와 건물을 답사하고 분석한다. 그런데 영 마음에 안 든다고 한다. 원래 물 좋고 정자 좋고 산세까지 좋은 물건은 없다는 상식도 잊은 채 말이다. 오로지 본인이 생각하는 관점에만 염두에 두는 성격으로 100점 만점에 100점을 받아야만 건물을 매수하려는 생각 같다. 그러기를 약 석 달을 하더니 결국 건물을 매수하는 것을 포기했다. 대신 유망지역의 토지를 매입해서 꼬마빌딩을 신축하려는 계획을 수립하고 이제는 토지공부에 열중이다.

토지에는 너무나 많은 종류가 있다. 그중 수익형 꼬마빌딩을 위한 최적화된 토지는 어떤 것인지 살펴보자. 우선 일반적인 토지를 매입할 경우에 고려해야 하는 사항들을 간단히 알아보자. 건물을 신축하거나 묻어두기식 재테크를 하려는 사람들이 많다. 그러나 투자목적을 명확히 해야 실패가 없으며, 향후 환금성에도 유리하다.

　-도로개설 예정과 주변 개발과 연계된 곳이어야 꾸준한 지가상승을
　　기대할 수 있다.
　-도로와 진입로는 무조건 확보되어야 건축허가가 난다.
　-땅 모양이 네모가 반듯하고 도로에 접한 부분이 많을수록 좋다.
　-경사도가 완만하고 남향으로 기우는 것이 좋다.
　-도로와 같지 않으면 낮은 곳보다 조금 높은 곳이 좋다.
　-땅의 뒤편이 절대농지이거나 황무지보다는 주거 단지가 가깝고 배
　　후에 택지개발 기능성이 높아야 좋다.
　-지세라든가 토지이용제한여부, 주변여건이나 주변시설 등을 면밀
　　히 살펴야 한다.

이상과 같이 토지를 구입할 경우 일반적으로 체크해야 할 포인트를 대략적으로 살펴보았는데, 이것 못지않게 부동산의 정책과 매입시점도

중요하다. 모든 부동산은 매입 타이밍이 중요하다. 정책에 의하여 시세가 크게 변동되고, 자본주의 국가에서는 반드시 경기 순환 사이클의 주기가 찾아오기에 호·불황의 시기에 따라 시세가 차이 나고 급매도 나오며, 선택의 폭이 넓기 때문이다. 땅 투자에서는 단기투자를 바라는 것은 금물이다. 대체로 개발시기가 수년이 걸리며 현 상태에서 볼 때 개발된 곳은 이미 시세가 반영되었기 때문이다. 또한 토지는 환금성이 다른 부동산에 비해 떨어지므로 최소한 자기자본을 80% 이상 가져야 좋다. 대출을 받더라도 대출이자 정도는 충분히 감당할 수 있어야 한다.

이제는 본격적인 꼬마빌딩 신축을 위한 토지매입요령을 알아보자. 여기서는 주거용 수익형 꼬마빌딩을 신축하겠다는 계획이 수립되어 있는 상태에서의 신축대상 토지의 고려사항을 체크해보자.
- 향후 지역이 발전가능성이 충분한 지역인지를 고려한다.
- 대학가, 학원가, 사무실 밀집지역 등 주택임대 수요층이 배후에 많은지 확인한다.
- 지하철, 버스 노선 등 대중교통이 편리한 지역인지를 고려한다.
- 지구단위계획구역 지정여부를 확인하고 인접개발 등 구체적 개발 제한 사항 등을 확인한다.
- 다세대, 다가구, 원룸, 투룸 등의 구체적인 임대수요층을 파악한다.
- 기부채납을 해야 한다면 건축 후퇴선이 어디까지 되는지 확인한다.
- 토지매입 계약 전 설계사무소를 통한 가설계로 수익성을 충분히 검

토해본다.

−예상 임대보증금과 월세는 시세조사를 통하여 수익성 분석에 참고
  한다.

−신축공사 시 인접하고 있는 다른 토지와 민원이 발생될 소지가 있
  는지부터 살펴본다.

−신축을 고려한다면 명도가 원활하게 진행될 수 있는 토지인지도 고
  려한다.

−가능하면 정방형 모양의 토지를 선택하여 불필요하게 낭비되는 손
  실을 줄인다.

−건폐율과 용적률을 산정해서 몇 층까지 올릴 수 있는지 고려한다.

−대상지 주변으로 혐오시설은 없는지 체크한다.

−건축 시 공사차량의 진입이 수월한 진입로가 확보되어 있는지 확인
  한다.

−대상토지가 북 도로를 끼고 있다면 훨씬 유리한 건축선을 확보할
  수 있어 유리하다.

−대상토지가 속하는 용도지역이 어느 종류에 속하는지 파악하고 그
  에 맞는 전략을 세운다.

−상하수도 및 전기 인입선이 원활하게 공급될 수 있는지도 파악한다.

−승강기 설치는 환금성에 지대한 영향을 미치므로 일정 규모 이상의
  토지를 구입한다.

−토지매입을 가급적 저렴하게 한 뒤 그 절약한 금액으로 공사수준을
  업그레이드 해준다.

2) 가구수 제한 확인하기

주거용 꼬마빌딩을 건축하여 안정적인 임대소득을 얻고자 하는 투자자들은 가능한 한 많은 가구수를 확보하여 임대 수익을 올리려는 계획을 가지고 있는 것이 사실이다. 같은 대지라도 숫자상의 면적과 가구수 분할을 생각하는데 설계에는 대지모양, 사선제한, 방위 등에 따라 생각했던 면적과 가구수가 나오지 않을 경우가 있을 수 있다. 따라서 먼저 계획도면(가설계 등)을 그려봐야 한다. 종종 설계자에 따라 좀 더 실용적인 평면 계획이 달라지는 경우가 많다.

다가구나 다세대를 신축할 때 특별히 가구수를 제한하는 규정은 없다. 다만 그 건축대상지에 해당하는 용적률에 따라 다세대로 할 것인지, 원룸으로 할 것인지, 투룸으로 할 것인지에 따라 가구수가 결정된다. 최근 1인가구의 증가, 전세난 등으로 원룸형 주택 등의 불법 가구수 증가(방 쪼개기) 등 불법 행위가 증가하고 있다. 건축주의 입장에서 방이 많을수록 임대수입을 많이 올릴 수 있기 때문이다. 하지만 부설 주차장 법령상 세대당 0.5대 이상의 주차장을 확보하기 어렵고, 건축허가 시에는 적은 세대로 허가를 받아 주차장을 적게 확보하고, 준공 후 원룸 한 세대를 벽체로 구획하고 화장실 등을 추가 설치해서 두 세대로 늘리게 되면 건축주는 주차장을 추가 확보하지 않고서도 임대수입을 더 올릴 수 있게 된다.문제는 가구수가 늘어 주차수요가 증가하는데도 주차장은 그대로여서 세입자는 인근 도로변에 불법 주차를 하게 되는 불편을 겪고, 불법주차로 인해 인근 주민들이 피해를 보게 될 뿐 아니라 소방차, 구급차량의 진입이 어렵게 되어 2차 피해가 발생하고, 적법하게 운영하는 원룸 건축주의 상대적 불이익 등 많은 문제점으로 근절 필요성이 높다. 하지만 원룸의 경우 출입문에 보안 설정이 되어 있어 관계 공무원이 준공 후 단속에 어려움이 따르고, 준공 후 사후 적발하여 이행강제금을 부과하더라도 부과금액이 임대수입보다 적은 경우 시정되지 않는 문제점이 있다.

그럼 사례를 통한 가구수를 알아보자. 지역은 서울시 중랑구 상봉동 102-21번지로 대지 150.10㎡, 건폐율은 55.73%, 용적율은 326.51%이다. 이곳에 신축했을 경우 과연 합법적인 가구수는 얼마나 될까? 이럴 경우 1층은 필로티로 설계하고 2층부터 5층은 제2종 근린생활시설로, 사무실 각 1호실씩 총 4호실, 6~8층은 2룸 각 2세대씩 해서 총 11가구가 합법적인 가구수이다.

그런데 건축주가 이행강제금을 부담하고서라도 임대수익을 위해 불법적으로 확장하고 방 분할을 했을 때는 몇 가구가 나올까? 이 경우 사무실 용도로 설계된 것까지 주택으로 용도를 전환하여 사용한다 가정하고, 2룸보다는 1룸으로 설계 변경하여 최대한 가구수를 늘릴 경우 각 층당 3가구로 총 18가구수가 나온다. 그러나 명심할 것은 임대수익을 위해서 불법확장을 하고 용도를 변경했을 경우 그에 따르는 이행강제금의 부과는 피할 수 없다.

3) 신축 전 건축과 사업비용 견적을 다양하게 받아라

신축할 대상지를 선정했다면 이제 신축의 단계로 가야 하는데 우선

업체선정이 제일 중요하다. 업체선정 시에는 사업자등록증과 건축공사업 면허를 필히 확인하고 신뢰성과 책임감이 있는 업체를 선정해야 한다. 업체 사업장도 직접 확인하고, 사업자등록증과 업체 사업장 주소가 동일한지 확인해야 불법 시공업체에 따른 피해를 당하지 않는다.

일반 투자자들의 경우 해당 신축부지가 마음에 든다고 해도 과연 건축 설계가 어떻게 나올지 그에 따르는 신축비용과 사업비용은 얼마나 들고 수익은 얼마나 나올지 등등 궁금한 게 한두 가지가 아닐 것이다. 설계의뢰시점부터 머리가 지끈지끈해진다. 왜냐하면 전문분야가 아니기 때문이다. 본인이 직접 거주하면서 임대수익을 올리는 방법과 전부 임대차를 통하여 임대수익을 극대화할 것인가에 따라 설계 방향이 달라질 수 있다. 설계사의 성향이 반영되기 때문에 같은 대상지라고 해도 건물의 모양과 내부구조가 확연히 달라질 수도 있다. 그러기에 설계사 사무소를 몇 군데 지정하여 세심하게 비교하여 최종 선택을 해야 한다.

4) 건축사와 감리사 잘 선택하는 법

해당 부지가 선정되면 설계도면을 바탕으로 수익형 꼬마빌딩의 건축주가 되기 위한 첫걸음을 시작하는 건축단계에 들어서게 된다. 설계도면의 계획대로 건축시공이 제대로 되려면 건축사와 감리사를 잘 선택해야 하는 것은 당연하다. 건축사는 건축물의 설계 및 공사 감리를 할 수 있는 자격을 가진 기술자를 말하는데, 건축사가 되고자 하는 사람은 국토교통부에서 시행하는 건축사 자격시험에 합격하고 국토교통부 장관의 면허를 받아야 한다.

감리사는 시공 중에 공사를 감독하는 자인데, 보통 설계사들이 감리 회사를 겸하기도 한다. 감리사의 주요업무는 시공 현장과 설계도면이 정확히 일치하게 시공이 진행되는가 등을 확인, 감독하는 일이다.

건축을 하기 전 중요한 문제 중 하나가 건축 설계인데 투자자가 원하는 건물을 그대로 반영해주는 것도 중요하지만, 건축에 초보인 투자자들에게 훌륭한 조언을 해주는 것이다. 방을 어디에 배치하고, 문을 어디로 내고, 창은 어떤 식으로 할 것인지 거실 크기며 방 크기, 베란다 등 수치로 계산해야 하기 때문에 건축설계는 무척 중요하다.

건축사와 만나서 상담하는 시간도 많아야 한다. 투자자 본인의 취향과 의견이 충분히 반영되어야 하기 때문이다. 본인의 건물을 타인이 설계하게 했다가 맘에 들지 않는다고 후회하면 그때는 이미 늦게 된다. 건축사들은 대부분 오랫동안 설계를 해보았기에 대상지 지번만 제공해주면 설계를 비롯한 건축에 필요한 여러 조언을 해준다. 건축상담 시 처음 원하는 부분들을 반영해주지만 중간에 잘못된 부분에 대해 조언해줄 때는 건축사들의 의견을 따르는 것이 좋다. 아무래도 그 분야에서 전문가이기 때문이다.

그렇다면 좋은 건축사는 어떻게 만날 수 있을까? 건축사는 설계부터 시공, 감리까지 책임을 지기 때문에 일을 열심히 하고 책임감이 투철한 사람이어야 한다. 다른 일에 종사하는 사람들도 마찬가지지만, 건축사나 감리사는 건물이라는 옥동자를 생산해내기 위해서 꼭 필요한 사람들이다. 건축사나 감리사가 불성실하면 건축허가를 늦게 받거나 시공자와의 갈등이 빈번히 발생하는 경우도 많다.

건축사, 감리사를 잘 선택하려면 다음 사항을 따라보자.

첫 번째, 주변에 먼저 건축을 시작한 사람이 있다면 그 건축주들에게 직접 물어보는 것이 좋다. 건축주의 입장에서 정확하게 말을 해준다.

두 번째, 해당 물건지 부근의 공인중개사사무소 대표에게 문의해본다. 공인중개사 중에는 자기가 도와준다고 하면서 직접 연결시켜주려고 하는 사람도 있다. 이때 의견이나 연락처만 물어보고 연결까지는 부탁하지 않는 것이 좋다. 그 연결한 대가가 들어가서 불필요한 비용이 추가로 들 수 있기 때문이다.

세 번째, 인터넷 검색을 활용하면 좋다. 좋은 건축주들을 소개해놓은 자료를 활용하면 원활한 설계가 가능하다.

5) 시공사 선정 노하우와 도급 노하우

어렵사리 건축할 대상 부지를 매입하고 설계까지 마친 다음에는 바로 시공사 선정을 해야 한다. 제대로 된 시공사 선정은 건물의 완성도를 높이는 데 결정적인 역할을 한다. 그래서 많은 건축주들이 집 지을 땅 다음으로 신경 쓰는 부분은 시공사 선정이 아닐까 생각된다.

서울시 용산구 이촌동에 거주하는 박현진(52세) 씨는 수익형 꼬마빌딩을 찾아나섰지만 왠지 마음이 들지 않아 차라리 본인이 건축하기로 마음먹었다. 우선 토지는 매입을 완료했지만 시공사 선정에 애를 먹고 있다. 한 번도 경험해보지 않은 일이어서 더욱 신경 쓰이는 게 이만저만이 아니다. 박 씨는 "행복하지만 불안하다"는 말을 하고 다녔다. 대지가 넓은 집을 갖게 되어 너무나 행복하지만 건축비 5억 원이 넘는 돈을 가지고 얼마나 튼튼하게 그리고 양심적으로 원하는 건물을 잘 지어줄 업체를 만날 수 있을까 하는 불안감이 든다.

모든 건축주의 궁극적인 목표는 '싸게 잘 짓는 것'이다. 재미난 것은 싼 것과 좋은 것은 상반된다는 것이다. 건축에 문외한인 건축주로선 쉽지 않은 과제다. 싸게 집 잘 짓기에 최대한 접근하기 위해선 거기에 걸맞은 시공사 선정이 우선이다.

그럼 이제부터 시공사 선정과정에 대해 알아보자.

가. 공법의 결정

내 건물을 어떤 공법으로 지을지 결정(예: 스틸하우스, 목조주택, ALC 등)하는 것이다.

나. 2~3군데 업체를 먼저 결정하자.

ⓐ 특정 공법 시공업체가 유리하다. 여러 가지 다 하는 업체보다는 특정 공법만으로 건물을 짓는 업체가 유리하다. 직영공사의 가능성이 높고, 구조의 이해 및 시공 노하우가 많기 때문이다(예: 스틸하우스 시공업체, 목조주택 시공업체 등).

ⓑ 시공 실적이 많은 업체가 유리하다. 건물을 한 채 지은 업체와 수십 채를 지은 업체는 분명한 차이가 있다. 실적이 많은 업체는 집

짓는 노하우, 현장관리, 시공능력, 자금능력, 하자보수능력 등이 실적이 적은 소규모의 영세 업체들보다 뛰어나기 때문이다.

ⓒ 공사 예정지와 가까운 업체가 유리하다. 시공사와 현장이 멀 경우 공사비(경비)증가 및 현장관리, 하자보수에서 원활치 못한 경우가 생길 수 있다.

결론적으로 공사부지와 가깝고 특정 공법 시공업체 중 실적이 많은 2~3군데 업체 먼저 결정한다.

다. 이제 발품을 팔자.

ⓐ 사무실 및 모델하우스를 방문한다. 먼저 지은 모델하우스를 방문해서 집 주인을 직접 만나보고 궁금한 점들에 관해 물어보자. 현장관리는 어떻게 하는지, 꼼꼼히 시공하는지, 현장관리자나 시공사와 건축주 간의 마찰은 없었는지, 문제가 발생했을 때 현장 관리자의 대처 및 문제해결능력은 어떤지, 하자보수는 잘 해주는지, 견적서(내역서)와 마감사양 및 시공내용이 일치하는지 등 궁금한 점들을 미리 정리해두면 좋다. 집도 구석구석 꼼꼼히 살펴보자.

ⓑ 현장관리자는 누구인가? 좋은 건물을 짓기 위한 중요한 요소이다. 똑같은 디자인과 자재로 집을 짓는다 하더라도 현장관리자가 누가 되느냐에 따라 건물의 품질이 좌우될 수 있다. 그러므로 공사 의뢰 시 현장관리자는 누가 될 것이며 담당관리자가 관리한 현장의 모델하우스를 방문하면 더욱 좋다. 좋은 집은 훌륭한 기공의 손끝과 현장관리자의 눈과 경험으로 만들어진다라는 말을 꼭 기

억하자.

ⓒ 하자보수 기간 확인. 대부분의 업체에서 3년의 하자보수 기간을
둔다. 퉁쳐서 3년보다는 공정별로 하자보수 기간을 계약서에 명시
하거나 하자보수이행각서를 계약서에 첨부하는 게 좋다. 위생도기
나 조명기구의 경우 생산업체의 무상 AS기간은 1년이다. 장기간의
AS도 좋지만 현실적이지는 않다. 기간보다는 공정별 AS를 시공사
가 얼마나 충실히 할 수 있느냐가 더 중요하기 때문이다.

ⓓ 실용성과 예산에 맞춘 설계가 되었는가. 평소에 생각해둔 구조와
디자인, 예산에 맞춘 합리적 설계도를 만든다. 설계비용은 업체마
다 다르고 일부에선 무료로 설계 서비스를 해주기도 한다.

ⓔ 견적서 받기. 설계가 완성되면 이제 견적서를 받아볼 차례이다.
견적서(내역서)는 각각의 공정별로 나누어져 작성이 되었는지(예:
기초공사, 외장공사, 내장공사 등) 확인하고, 마감사양, 제조사, 자재
비, 인건비, 경비, 수량 등이 명시되어 있는지를 확인한다.

별도 품목은 무엇인지 확인한다. 각 업체별로 공사금액별 사양을
제시하지만 모든 공사가 다 포함되지는 않는다. 그러므로 견적서
확인 시에 별도품목이 무엇인지 꼼꼼히 체크해야 나중에 발생할
지 모르는 마찰을 예방할 수 있다.

결론적으로 정리해보면 모델하우스방문→현장관리자→하자보수 내
용의 확인→설계→견적과 같은 과정을 거쳐 최종적으로 시공사를 선정
한다.

라. 도급 계약

우선 도급계약의 의미부터 살펴보자. 처음 접하는 일반 투자자들은 계약은 수없이 들어봤을 텐데 도급계약은 낯설 것이다. 그 의미부터 알아보고 넘어가자. 도급계약은 당사자의 일방(수급인)이 어느 일을 완성할 것을 약정하고 상대방(도급인)이 그 일의 결과에 대하여 보수를 지급할 것을 약정함으로써 성립하는 계약으로 도급업자가 도로, 댐, 교량, 터널, 선박 및 고층건물 등의 공사를 계약조건에 따라 수행하는 계약을 말한다.

건설공사에 관한 도급계약의 원칙은 다음과 같다.

ⓐ 건설공사에 관한 도급계약(하도급 계약 포함)의 당사자는 대등한 입장에서 합의에 따라 공정하게 계약을 체결하고, 신의에 따라 성실하게 계약을 이행해야 하며,

ⓑ 건설공사에 관한 도급계약의 당사자는 그 계약의 체결에서 도급금액·공사기간 등을 계약서에 명시해야 하며, 서명·날인한 계약서를 서로 교부하여 보관해야 한다. 근거법은 건설산업기본법이다.

　－공사금액 지불방식: 공정별 공사금액 지불 조건의 명시(예: 계약금 10%, 1차 기성: 기초공사 완료 시 30%)

　－하자보수 내용의 명시: 계약서에 직접 명시 또는 하자보수 이행각서에 공정별 하자보수 기간 명시

　－공사범위의 명시: 별도품목, 서비스품목의 명시

위와 같은 과정을 거치면 시공사 선정은 계약을 끝으로 마무리된다.

물론 모든 부분에 관해 문서화하고 하나하나 서로 따지는 것도 좋지만 전에도 말했듯이 어차피 건물이란 사람이 짓는 것이다. 일방적인 관계가 아닌 서로 신뢰와 믿음을 바탕으로 한다면 얼마든지 좋은 건물, 좋은 관계를 만들 수 있다.

6) 건축허가 절차 이해하기

① 부지 및 신축대상 건축물에 대한 사전조사

가. 건축이 가능한 토지 여부

나. 건축심의대상 건축물 여부

ⓐ 건축선의 지정에 관한 사항

ⓑ 미관지구에 관한 사항

ⓒ 다중이용건축물의 구조안전·피난 및 소방에 관한 사항

　−문화 및 집회시설(전시장 및 동·식물원 제외), 판매 및 영업시설, 의료시설 중 종합병원 또는 숙박시설 중 관광숙박시설의 용도에 쓰이는 바닥면적의 합계가 5,000㎡ 이상인 건축물

　−16층 이상인 또는 연면적 30,000㎡ 이상인 건축물

다. 20세대 이상 공동주택

라. 교통영향평가 대상 사업 및 건축물

ⓐ 환경·교통·재해 등에 관한 영향평가법시행령 [별표1] 2호 관련 대상사업

ⓑ 국가 또는 지방자치단체의 청사: 6,000㎡ 이상 건축물

ⓒ 공연장, 집회장, 관람장, 전시장: 15,000㎡ 이상 건축물

ⓓ 환경영향평가 대상건축물

　－환경·교통·재해 등에 관한 영향평가법 시행령 [별표1] 1호 관련 대상사업

② 건축 심의

　－건축위원회에서 심의한 내용을 통보

③ 건축허가 신청 (건축심의 결과를 반영 후)

가. 신청 시 구비서류

　－건축허가 신청서(1면, 2면)

　－동별 개요(3면)

　－(건축허가) 현장조사서

　－건축허가조사 및 검사조서(1면)

　－현장조사서(2면)

　－건축설계도서의 관계법령 저촉여부 조사서(3~9면)

　－대지범위, 권리증명서류

　－도시계획확인원(환지예정지: 환지예정 증명서 1부)

　－토지대장, 토지등기부등본(증축 시: 건물등기부등본, 건축물관리대장)

　－대지 사용승락서, 인감증명(타인 소유의 대지일 경우)

－건축동의서, 인감증명(건물·토지에 대한 압류, 가압류, 근저당, 지
  상권 등이 설정되어 있을 시)

－환지사용승낙서(지방의 환지예정지)

－건축선 지정 관리대장 1부(건축선 후퇴 등으로 도로로 할애할 경우)

－정화조 설치 신고서

－배수설비 설치 신고서(배치도 1부 첨부)

－급수공사 신청서

－구내통신 선로설비 설계검토신청서

－도로점용 허가신청서(도로 점용 시)

－건축구조 안전 확인서

나. 설계도서

－기본설계도서(건축계획서, 배치도, 평면도, 입면도 2부, 단면도 2부)

④ 건축과: 설계도서 검토 및 각 부서 협의

－소방동의 대상 건축물(연면적 400㎡ 이상)

－경찰서 협의[위락시설(노래방), 차량출입시설, 투전기업소]

－군부대 협의: 군사보호구역 협의

－수도사업소: 서수압 지역

－위생과: 식품위생법령에 저촉 여부

－공업과: 공장 관련 등

－환경과: 배출시설 관련 등

－토목과: 토목 관련

－하수과: 하수 관련

　－공원녹지과: 공원 내 대지일 경우

　－생활체육과: 체육시설 관련 등

　－가정복지과: 예식장 등

　－건설관리과: 도로점용 등

　－도시정비과: 수도권정비 계획법 등

　－지역교통과: 노상주차장 폐쇄 등

　－보건소: 병원 등

⑤ 건축허가증 교부

　－당해 지방자치단체의 건축에 관한 조례가 정하는 수수료 납부

　－건축허가 유효기간 1년(단 특별한 사유가 있을 경우 1년의 범위 안에서 그 공사의 착수기간 연장)

⑥ 철거, 멸실 신고–해당 건축물

　－철거예정 7일전 신고

　－산업안전보건법령에 의한 철거에 따른 유해·위험의 방지 관련 사항

⑦ 건축물 착공 신고

　－건축법 제 16조 규정에 의거 공사 감리자 및 공사시공자(지정 신고서에 서명하여 건축공사 착공신고)

■ 건축허가 절차

건축허가 절차

설계	➡	토목 및 건축 계획, 설계도서 작성

⬇

건축허가신청	➡	다중이용 또는 미관지구 허가신청 및 심의
	➡	관계기관 승인, 동의, 합의

⬇

건축허가/신고	➡	건축허가서 교부(관계부서) 각종 세금 납부 후 착공신고에 영수증 첨부

⬇

착공신고

⬇ ➡ 시공사/감리사 선정

착공

⬇ ➡ 공사진행
(가설물, 낙하방지 안전)

중간검사	➡	건축사 사무소 건축허가를 받은 건축물에 한하여 시행

⬇

사용승인신청

⬇

현장조사

⬇

사용승인

⬇ ➡ 건축물 대장 교부(약 7일)

사용검사필증교부

⬇

건축물사용, 관리	➡	각종 세금 납부/건물등기

⑧ 시공

    –건설산업기본법령, 전기공사업법령, 정보통신공사업법령, 소방
    법 등에 따라 공사시행

⑨ 소방검사 등

    –소방동의를 받아 건축허가를 받은 대상 건축물

    –연면적 400㎡ 이상 건축물

    –노유자 및 청소년시설 연면적 200㎡ 이상 건축물

⑩ 건축물 사용검사 신청

    –건축공사를 완료한 날부터 7일 이내 신청

    –건축허가 조건 이행 여부 확인

⑪ 건축물 사용검사 필증 교부

    –건축주 시민 봉사실 (건축물 대장등재)

key point

꼬마빌딩의 건물주가 되기 위한 방법으로 기존 물건 매수와 신축의 방법이 있는데 신축의 경우 경험이 없으면 더욱더 신중을 기해야 한다. 시공사 선정부터 신축자금 확보, 발생할 수 있는 민원소지 제거, 설계 등 인허가 문제, 하자보수 문제 등의 산적한 현안들을 한 몸에 안고 신축공사를 해야 하기 때문이다. 하지만 산이 아무리 높다 해도 못 오를 산은 없다는 강인한 의지로 빌딩 신축에 도전해보자.

03

꼬마빌딩
경매로 매입하기

경매하면 생각나는 게 무엇인가? 부동산 물건을 시세보다 저렴하게 구입할 수 있다는 점이 매력이다. 말 그대로 경쟁 매매를 통해서 물건을 매수하는 것이다.

하지만 권리분석을 자칫 잘못했다가 낭패를 보는 경우가 종종 있다. 법정지상권, 유치권 등 등기부등본상에 기재되지 않은 사항은 더욱더 조심할 필요가 있다. 경매를 통해서 우량 꼬마빌딩을 잡는다는 것이 그리 쉬운 일만은 아니지만 그래도 시세보다 확실하게 저렴한 물건이 있다면 예리한 분석으로 접근하여 투자비용은 적게 들이고 최대한 이익을 도모하자.

1) 경매하기 전에 꼭 알아야 할 경매지식

경매를 생각하면 우선 무엇인가를 싸게 매수할 수 있다는 생각이 제일 우선적으로 들 것이다. 하지만 경매에 대한 기본적인 사항은 이해하지 못하고 그저 바람 따라서 움직이는 투자자들은 낭패를 보기도 한다. 우선 경매 기초용어부터 학습해보자.

① 사건번호

사건번호는 경매가 시작될 때부터 종결될 때까지 법원에서 사용하는 번호로 모든 경매 물건마다 법원이 부여하는 번호이다. 맨 앞의 숫자는 사건이 접수된 연도를 표시하고 경매사건 고유의 부호인 '타경'을 표시하며 맨 뒤에는 해당 접수번호를 기록한다.(예: 2016타경 50329, 2015타경 1102)

② 물건번호

한 사건번호에서 두 개 이상의 물건을 동시에 경매 진행하는 경우 각 개별물건을 지칭하는 번호를 물건번호라고 한다. 해당사건에 물건번호가 기재되어 있는 경우에는 입찰시 입찰표에 사건번호 외에도 물건번호를 반드시 기재해야 한다. 물건번호가 없으면 사건번호만 기재한다.(예: 2016타경 2213(1), 2016타경 2213(2))

③ 매각결정기일

매각기일에 낙찰 받은 최고가매수인에 대하여 법원이 낙찰허가 여부를 결정하는 날이다. 법원에서 해당 물건이 최고가매수인에게 낙찰이 되면 법원은 이해관계인의 의견을 듣고 매각허가 또는 불허가 결정을 한다. 통상적으로 낙찰일로부터 약 7일 후에 매각허가 또는 불허가 결정이 나게 된다.

④ 매각물건명세서

법원은 매각기일 1주일 전까지 매각물건명세서를 기재하여 법원에 비치해놓고 일반인이 열람할 수 있도록 하는데, 매각물건명세서에는 부동산의 표시, 점유자 및 점유의 권원, 기간, 매각으로 소멸하지 않는 권리 등 중요한 사항을 기재해놓는다.

⑤ 배당요구

채권자 중 일부가 채무자의 부동산에 대하여 임의경매 또는 강제경매를 실행하여 매각이 된 경우, 다른 채권자들이 그 절차에 참여하여 낙찰대금 중 채권의 우열과 순서에 따라 자기 채권액에 해당하는 금액을 요구하는 절차를 말한다.

⑥ 차순위 매수신고인

최고가매수인이 낙찰을 받았을 때 최고가매수인 이외의 입찰자 중에서 최고가 매수신고액에서 보증금을 공제한 액수보다 높은 가격으로 응찰한 사람은 차순위 매수신고를 할 수 있다. 차순위 매수신고인은 잔금을 납부할 때까지는 보증금을 반환받지 못하며 그 대신 최고가매수인이 잔금을 지급하지 못했을 경우에는 다시 매각을 실시하지 않고 법원으로부터 매각허가를 받을 수 있는 지위에 있게 된다.

⑦ 임의경매

채권자가 채무자의 부동산에 근저당권, 저당권, 질권, 전세권 등의 담보물권을 설정한 이후 채무자가 채무변제의 의무를 이행하지 않았을 때 채권자는 소를 제기할 필요 없이 채무자 소유의 부동산을 경매 신청하여 경매를 진행할 수 있는데 이를 임의경매라 한다. 대부분의 경우 은행에서 대출을 받으면서 근저당권을 설정하고, 이를 상환하지 못했을 시에 근저당권에 기하여 경매가 진행된 물건이므로 경매물건의 대부분이 임의경매이다.

⑧ 강제경매

집행력 있는 판결문정본에 의하여 경매가 진행되는 절차를 말한다. 채권자가 채무자에게 대여금 반환청구 소송을 제기하여 소송에서 승소판결을 받았다면 그 판결문 정본에 집행문을 부여받아서 채무자 소유의 부동산이 강제 매각되는 절차를 강제경매라고 한다.

이상과 같이 경매에 필요한 기초지식을 학습하고 다음으로 경매 절차를 알아보자.

① 목표 설정

내가 원하는 것이 건물을 소유하고 싶은 것인가, 아니면 경매를 통하여 재테크를 하고 싶은 것인가? 또 당장 건물을 소유하고 싶은데 자금력이 부족하여 가능하면 저렴하게 구입하고 싶은가에 따라 구체적인 목표를 설정하는 것이 경매의 첫걸음이다.

② 권리분석

경매에 나오는 건물들은 모두 사연이 있는 집들이다. 은행에서 대출을 받았다가 파산하여 은행이자와 원금을 상환하지 못하여 임의경매가 실행되거나, 채무가 있었는데 법원으로부터 확정판결을 받아서 재산에 강제경매가 들어오는 경우 등이다. 이러한 복잡한 사연들은 등기부등본을 보면 대략 알 수 있다. 법원에서는 매각물건 명세서를 통해 건물에 어떠한 문제가 있는지 알려준다. 그중 내가 감당할 수 있는 문제를 가진 건물만 고르는 것이 현명하다. 권리관계가 너무 복잡하면 해결의 실마리도 못 풀고 또한 푼다고 해도 시간이 너무 많이 걸려서 초보 투자자들에게는 너무도 어려운 일이 아닐 수 없다.

③ 현장답사

현장답사는 다른 말로 임장활동이라고도 하는데 부동산투자 시 제일 중요한 요소 중 하나이다. 아무리 강조해도 지나침이 없는 것이 바로 현장답사이다. 현장답사 이전에 필요한 기본정보는 인터넷으로 사전조사를 충분히 한 다음 현장에서 입체적인 조사가 이루어진다면 좋다. 온라인상으로 조사되지 않는 유치권, 주변입지, 거래사례, 임차자 성향 등의 사항들을 알아보는 것이 중요하다. 현장답사가 좀 귀찮다고 생략하는 경우가 종종 있는데 인터넷정보와 현장은 다를 수도 있으니 절대적으로 현장답사는 필수라는 사실을 명심하자. 만약 현장답사를 할 수 없다면 그 물건은 과감히 포기하라는 조언을 해주고 싶다.

④ 입찰

현장답사까지 통하여 충분한 권리분석을 마쳤다면 이제는 입찰을 해야 한다. 입찰은 본인이 그 경매 진행절차에 직접적으로 참여하는 공식 절차에 속한다. 이 입찰의 핵심은 바로 입찰가이다. 입찰가는 내가 수익을 실현할 수 있는 목적을 달성할 수 있는가? 내가 실수요 목적을 달성하는 데 아무런 장애요소는 없는가에 따라서 입찰금액이 결정될 것이다. 그런데 그 입찰가는 임장활동을 통해서 주변시세를 파악하고 미래가치를 반영하여 확인한 후 이를 기준으로 결정해야 한다. 이때 주의할 점은 오래전에 법원에서 감정한 감정가를 기준으로 입찰가를 정하게 된다면 자칫 시세보다 높은 가격을 쓸 수도 있으니 조심해야 한다.

⑤ 잔금 납부

경매입찰을 한 뒤 최고입찰 참가자에게 낙찰이 된다. 경매가의 잔금 납부 과정은 어떻게 될까? 경매에 입찰할 때 먼저 최저 매각가격(최저가) 10%를 보증금으로 납부하고 낙찰이 되면 정해진 날짜까지 잔금을 법원에 납부해야 하는데 이때, 대출을 받는 경우가 아주 많다. 이렇게 낙찰 후 받는 대출을 경락잔금 대출이라고 하며, 이 외에도 취득세, 체납 관리비, 공과금 등이 있다면 해당 기관에 필요한 감면 서류를 제출해야 한다.

⑥ 명도

경매 경험자들에게서 명도가 머리가 너무 아프다고 하는 이야기를 들어본 적이 한두 번은 있을 것이다. 그만큼 명도는 경매에서 최종적으로 중요한 마지막 단계다. 경매된 건물에 전부터 살던 사람을 점유자라고 하는데 이들을 내보내는 것을 명도라고 한다. 낙찰자는 점유자와 만남이 당연히 편치 않다. 그렇지만 시간이 돈이기 때문에 가능하면 빨리 만나서 법적인 명도소송 이전에 해결하는 것이 바람직하다. 그러지 못할 경우에는 명도소송이라는 것을 통해서 해결할 수밖에 없다.

2) 경매물건 정보지 보는 법

경매를 통해서 내 집 마련을 하든, 건물을 매수하려고 하든, 시세차익을 위한 투자활동을 하든 처음 접하는 사람들이 적응하기 힘들어하는 부분이 정보지를 보는 법이 아닌가 생각한다. 대부분의 경매물건 정보지는 유료인데 충분한 보상이 기다리고 있으니 아까워 말고 사보자. 그 정보지를 통해서 유망 물건을 낙찰을 받는다면 정보지에 투자한 돈은 비교할 수 없다. 번호를 순서대로 써놓았으니 번호 순서대로 본다고 생각하면 쉽다.

① 물건지의 주소, 관할 법원, 입찰 날짜 등을 확인한다.

② 물건의 종류, 매각 물건의 상황(지분매각, 대지만 몇 평인지, 건물만 몇 평인지 등)을 확인한다.

부동산에서 말하는 건물의 평형은 대부분 분양평형을 얘기하지만 경매, 공매 물건은 전용면적이 기준이 되는 것을 잊지 말아야 한다. 입찰 기일, 보증금액수, 감정가 등을 확인해야 한다. 경우에 따라 보증금이 10%가 아니라 20%, 30%인 경우도 있으니 꼭 확인하자. 입찰보증금은 10원이라도 적게 넣고 입찰하게 되면 무조건 무효 처리됨을 명심해야 한다.

③ 위치도, 구조도, 현장사진 등을 확인한다.

현장에 직접 나가기 전에 지도, 도면상으로도 물건의 많은 정보를 파악할 수 있는데 미리 확인하고 물건을 보러 가야 현장에서 더 꼼꼼히 정보를 입수할 수 있다. 지하철역은 가까운지, 근처에 학교, 마트는 무엇이 있는지, 재건축, 재개발 등이 예정되고 있는 건 아닌지 등을 확인한다.

④ 사용승인, 감정 시점 등을 확인한다.

감정 시점에 따라 감정가가 많이 달라질 수 있으니 주의한다. 불황기 때 감정이 되면 1차 입찰기일의 물건이 시세보다 많이 저렴하게 감정된 경우가 있다. 그렇다면 당연히 1차 기일에 입찰을 하는 전략을 구사해야 한다. 반드시 2~3번 유찰된 후에 입찰하는 것은 아니다.

⑤ 대지권, 건물층수, 용도 등을 확인한다.

만약 대지권 미등기이지만 감정가에 포함되어 있다고 정보지에 나온다면 대지권의 등기가 아직 안 돼 있다는 얘기이므로 현장 방문 시 대지권이 절차상의 문제로 등기만 안 된 것인지, 낙찰 후 추가로 돈을 더 주고 매입을 해야 하는 것인지 확인해야 한다.

⑥ 임차인 확인

임차인이 있다면 전입일자, 확정일자, 배당요구일을 확인해야 한다. 말소기준권리보다 빠른 선순위 임차인이 있다면 낙찰자가 보증금을 인수해야 하는 경우도 생길 수 있고, 소액임차인이 거주하고 있다면 배당도 계산해봐야 한다. 가장 많이 실수하는 부분이 배당요구일을 잊은 경우다. 임차인이 배당기일보다 늦게 배당 신청을 하면 보증금을 낙찰자가 인수하는 경우가 많이 발생하기 때문에 주의해야 한다.

⑦ 말소기준권리 확인

말소기준 권리인 '저당, 근저당, 압류, 가압류, 경매기입등기, 담보가등기'를 기준으로 그 이후의 대부분의 권리는 소멸되고 빠른 권리는 낙찰자에게 인수된다(소멸되지 않는 권리, 인수되는 권리는 꼭 공부해야 실패할 가능성이 없다).

⑧ 인수되는 권리 확인

말소기준권리보다 빠른 권리는 낙찰자 인수이다. 매매예약가등기 같은 경우는 소유권 자체를 빼앗길 수도 있으니 확실히 확인해야 한다.

⑨ 경매 기입 일자 확인

경매기입등기 이후의 임차인이나 점유자 등 기타 권리자들은 배당을 못 받거나 권리를 주장할 수 없는 경우가 대부분이다. 추후 명도 시의 저항 등을 예상해볼 수 있다.

⑩ 주의사항

인수되는 권리나 유치권 등의 각종 주의사항이 표시되어 있다. 보통 경매물건 정보지의 모든 정보는 정보지 사이트 회사에서 대법원 사이트의 사건내역, 현황조사서, 매각물건명세서, 감정평가서 등에 나와 있는 정보를 모아서 보기 편하게 만들어놓은 것이다. 대법원 사이트에 들어가서 찾아보면 모두 확인할 수 있는 내용이다. 간혹 정보지의 내용들이 틀리는 경우가 있으니 물건을 볼 때는 꼭 대법원 사이트를 병행해서 보는 것이 좋다.

3) 경매로 나온 알짜 매물 파악하는 법

최근 수익형부동산에 대한 관심이 늘어나면서 여유자금이 생긴 젊은 투자자를 비롯하여 은퇴를 앞둔 직장인들까지 가세하면서 유망 물건 고르기에 나서고 있다. 그런데 워낙에 좋은 물건 찾기가 그리 쉽지 않은 상황에서 남들의 관심 밖에 있는 경매 분야에서 건물을 찾아보겠다는 투자자들도 가끔 나오는 추세이다. 아직도 저금리에 갈 곳을 잃은 투자금이 수익형부동산 경매에도 몰리며 시장을 과열시키고 있는 것이다. 수익형부동산 경매시장이 과열되면서 경매의 최대 강점인 시세차익을 노리는 투자가 빛을 잃고 있다는 지적이다. 자산가들이 경매시장에 나온 상가 등 수익형부동산에 몰려들며 경쟁이 심화되자 낙찰가율이 올라가기 때문이다. 낙찰가율이 올라가면 아무래도 경매의 최대장점인 시세차익이 오히려 줄어들게 된다는 것이다. 경매에 나온 수익형부동산 중 꾸준한 월세수익(수익률)을 보장할 수 없는 물건들이 많아 '묻지마 투자'를 지양해야 한다는 지적이다. 소위 '망가진 상가'에 투자하는 오류를 범할 수 있기 때문이다.

경매 물건은 소문난 잔칫집에 먹을 것 없다는 말을 생각하고 신중을 기할 필요가 있다. 상가에 세 든 임차인은 장사가 잘되면 월세를 연체할 일이 없고, 임대인은 그 돈을 받아서 은행이자를 잘 내면 그 물건이 경매로 넘어오지 않는다. 경매 물건은 장사가 안 되는 상가가 대부분이다. 문 닫은 경우도 많다. 그래서 경매 받으려는 사람들이 현장에 답사(임장활동)를 나녀오면 실망하는 경우기 많다.

고정적인 월세수익을 통한 기대 수익률 달성과 시세차익을 노리기 위해서 수익형부동산에 투자하는데 그 기대치에 합당할 수 있는 물건을 경매를 통해서 잘만 찾는다면 금상첨화가 아닐 수 없다. 과거에는 시세차익이 부동산 투자의 포인트였다. 그러나 사놓기만 하면 오르는 대세상승 시대가 저물었다.

요즘은 초 저금리와 맞물려서 임대수익을 노리는 형태로 부동산투자의 패러다임이 변화된 지 오래다. 이런 상황에서 수익률을 최대한 끌어올리는 방법으로 경매가 활용되고 있다. 경매는 시세차익과 임대수입을 다 노릴 수 있는 부동산투자법이다. 부동산투자의 수익률은 매입가(분모)와 임대수익(분자)의 상관관계가 있다. 임대수익이 그대로인데 매입가가 낮아지면 수익률은 오르게 된다. 경매는 매입가를 낮추는 효과가 있기 때문에 수익률이 올라간다. 그러나 경매를 통한 수익형부동산 투자는 주의할 점이 많다. 특히 개별 상가 투자는 환금성에 문제가 있어 투자결정에 신중해야 한다. 또한 시세차익을 기대하기가 힘들다는 단점이 있다. 경매로 알짜물건이 나온다는 이야기는 역으로 생각하면 이치에 맞지 않을 수 있다. 왜냐하면 알짜물건이라면 경매에 나올 수가 없다. 그러나 채무자가 연대담보를 한 우량물건이 다른 사업장의 부실로 인하여 한꺼번에 경매시장에 나온다면 의외로 우량물건을 잡을 수 있는 기회를 엿볼 수 있다. 그런데 이런 물건을 잡기는 실무적으로 상당히 드물다.

궁극적으로 어떻게 하면 좋은 수익형부동산을 얻을 수 있는지, 어떻게 더 싼 가격의 수익형부동산을 낙찰받는지 고민이 아닐 수 없다. 하지만 경매투자로 나온 수익형 부동산 구입 시 주의해야 할 점들은 분명 있다.

① 경매투자에서 수익형부동산의 한계성

대개 경매로 나오는 수익형부동산을 일반매물과 비교하는 건 문제가 있다. 일반매물은 대부분 거래가 완료되면 그 상태로 온전히 내 것이 되는 경우가 많지만, 경매를 거친 수익형부동산은 소유권이 넘어오기까지 몇 개월이 소요된다. 이마저도 임차인과의 문제 등이 있다면 해결하는 데 상당한 골머리를 썩일 수 있다는 점을 염두에 두어야 한다.

② 해당지역 경매물건의 양을 고려하라

개인적인 채무문제로 부동산이 경매로 넘어오는 일이 있을 수 있지만, 수익형부동산의 수익률이 너무 낮아 경매로 나오는 경우도 있다. 이때는 임차관계에서는 큰 문제가 없이 정상적으로 보이는 경우가 많다. 내가 낙찰받고 나서도 공실이 이어지는 경우가 존재한다. 따라서 수익형부동산 경매물건이 너무 많은 경우에는 현지상황이 어떤지, 급매물건은 없는지를 더 확인해보는 편이 좋다.

③ 급매물건을 보지 못하는 함정에 빠지지 말자

간혹 경매물건보다 급매물건이 더 좋은 경우가 있다. 현장답사 때 주변 부동산에 훨씬 입지가 좋은 상가가 경매가보다 싼 급매로 나온 물건도 있음을 꼭 기억하고 임장활동을 해야 한다. 임차인도 유지되는 조건이라야 공실 걱정도 없다.

그렇다면 경매를 통해서 알짜 물건을 잡을 묘안은 무엇일까? 꾸준한 경매정보습득과 철저한 현장답사 그리고 경매전문가와의 긴밀한 유대

관계유지가 관건일 것이다.

④ 경매 단계별 액션과 수익 분석하기

수익형부동산 물건 경매의 최종목적은 남들보다는 싸게 매입해서 알토란같은 임대수익을 실현하고 나중에 자본이득을 실현하는 것이다. 그러한 목표가 확실하게 수립되었다면 경매 단계별 행동이 치밀해야 하며 나아가 수익률 분석도 제대로 해야 한다.

가. 경매, 단계별 행동

ⓐ 경매목적 설정: 부동산경매를 하는 이유는 건물을 싸게 사고 싶다는 행동과 결정에 대한 명확한 이유와 목적이 있어야 한다. 경매목적 설정 단계도 마찬가지이다. 시세차익을 노린 투자인지, 실거주가 목적인지, 아니면 임대형상품으로 운영할지에 대한 목적이 분명해야 그에 맞는 경매 매물 찾기에 집중할 수 있다. 또한 목적이 분명해야 입찰가도 명확히 선정할 수 있다.

ⓑ 부동산 경매 물건 찾기: 대법원 법원경매정보 사이트에서 무료로 경매 물건을 찾을 수 있다. 그럼에도 유료 부동산경매물정보 사이트를 이용하는 이유는 필터기능이 강화되어 원하는 물건 찾기가 용이하기 때문이다.

ⓒ 경매물건 분석: 경매물건을 찾았다면 임차인 현황과, 서류상의 문제는 없는지 명도진행여부를 사전에 파악하고 낙찰 후를 가정했을 때 권리행사에 하자가 없는지 등을 꼼꼼히 체크해야 한다. 이 단계

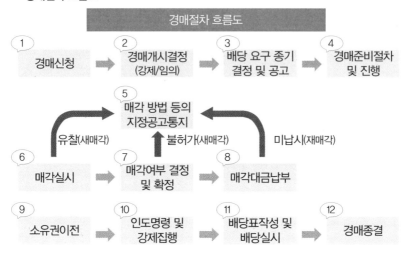

에서 놓치는 부분이 없이 확실히 체크해야 낙찰 후의 리스크를 최
소한으로 줄일 수 있다.

ⓓ 입찰가 선정에서 참여: 경매는 목적에 맞는 입찰가를 선정하는 것
이 중요하다. 실거주 목적이라면 최저입찰가보다 높게, 일반매매
가보다는 조금 낮게 설정하면 낙찰성공률도 높을 뿐더러 낙찰 후
만족감도 높일 수 있다. 하지만 시세차익을 원한다면 최저입찰가
와 근접하게 그리고 일반매매가보다 낮춰서 입찰해야 그만큼의 이
득을 볼 수 있다. 물론 낙찰 확률은 그만큼 떨어질 수밖에 없을 것
이다. 이 단계에서는 관련 노하우와 지식이 절대적으로 필요하다.
때문에 부동산경매 교육에서도 이 부분에 중점을 두고 강의하는
곳이 많다.

ⓔ 잔금처리 및 소유권 이전: 원하는 부동산물건을 낙찰받았다면 낙찰자 명의로 소유권을 이전해야 한다. 관련 서류를 챙기고 경매물건 잔금을 납부하고 나면 이제 비로소 경매 단계 완료까지 80% 오게 된 것이다.

ⓕ 명도 및 목적 실현: 소유권 이전 완료 후 명도소송을 진행해야 될 필요가 있을 경우 명도를 진행하고, 1단계에 설정했던 목적에 맞게 경매물건을 개발·활용하면 경매 단계가 완성된다.

나. 경매 수익률 분석

왜 경매를 할까? 이유는 간단하다. 일반 매매보다는 싸게 구입하고자 하는 것이다. 그래야만 수익률이 높기 때문이다. 만약 수익률이 나오지 않는다면 경매의 존재가치가 없다.

우선 경매물건의 임대수익률 분석을 위해서는 다음의 3가지 사항이 전제되어야 한다.

첫째, 권리분석이나 임대차현황조사를 통해 취득 후 인수해야 할 금액뿐만 아니라 임차인에 대한 명도과정에서 발생하는 비용 및 개보수 비용에 대한 분석이 마무리되었음을 전제로 한다.

둘째, 취득 후 재임대 시의 임대가에 대한 정확한 조사가 선행되었음을 전제로 한다. 임대가 조사 시 주의할 점은 임대수익률 분석은 보증부 월세를 기초로 한다는 점이다. 따라서 임대가 조사가 보증부 월세 개념으로 이루어졌다면 조사된 임대가를 수익률 분석에 그대로 적용하면 된다. 하지만 전세 기준의 임대가만 조사되었다면 그 전세가를 보증부 월세로 전환하는 작업이 필요하므로 전세가 외에 보증금 대 월세 전환보증금 비율이라든가 월세 전환률에 대한 추가 조사가 필요하다는 것을 잊어서는 안 된다.

셋째, 대금 납부 후 1년 이내에는 임차인에 대한 명도 또는 명도협의에 의한 재임대 등을 통해 건물이 정상적으로 운영되어야 한다는 것을 전제로 한다. 따라서 취득 후 1년이 지나고도 정상적인 임대운영이 불가능하다면 당초 예상했던 연간 운영수익은 물론이거니와 예정 기간 내 보유 후 처분을 통해 발생하는 수익실현계획 역시 어긋나게 된다.

이러한 전제하에 본격적인 수익률 분석에 들어가야 제대로 된 수익률이 나올 수 있다.

임대 수익형 부동산의 수익률 분석구조는 기본적으로 취득(낙찰) 시 소요되는 초기투입비용 구조와 취득 후 운영상 발생하는 매출액 및 지출액 구조로 나눌 수 있다. 취득 시 소요되는 초기투입비용으로는 모든 비용의 기준이 되면서 가장 큰 비용항목인 낙찰가(취득가)를 비롯하여 취득세, 기타 제세금, 컨설팅수수료, 인수금, 명도비용 및 개보수비용 등을 수 있다. 낙찰가는 수익률 분석을 위한 가상의 금액으로 수익률 분석 결과에 따라 가감조정이 가능하므로 입찰예상가라 해도 무방하다.

취득세는 낙찰가의 2.2%(주택은 1.1%, 농어촌특별세 포함)를 비용으로 계산하면 된다. 기타 제세금의 경우 등기말소비용, 법무사 수수료, 채권매입비를 포함하는데 경험상 이들 비용은 낙찰가의 0.4~0.7% 정도면 족하다. 채권매입비의 경우 매입채권액을 당일 할인율을 적용하여 매입 즉시 매도하면 되므로 총 매입금액을 비용으로 산정할 것이 아니라 총 매입금액에서 할인율을 곱한 금액만을 비용으로 산정하면 된다.

컨설팅수수료는 정액화되어 있지 않지만 가장 일반적으로 통용되고 있는 것은 낙찰가의 2% 또는 감정가의 1.5% 정도(매수신청대리규칙에 의한 수수료는 감정가의 1% 또는 최저매각가의 1.5%)이다. 물론 자신이 전문가적인 소양이 있어 컨설팅을 의뢰하지 않는다면 그만큼 비용을 절약할 수 있다. 인수금액은 수익률 분석에 앞서 선행된 권리분석, 임대차분석 및 현장조사 등을 통해 드러난 하자치유비용으로 예컨대 낙찰자가 떠안아야 될 선순위 임차인 보증금, 유치권금액, 법정지상권 해결비용, 체납관리비 등이 이에 해당한다.

명도비용은 소유자, 채무자, 임차인 등의 점유자가 있을 경우에 건물열쇠를 넘겨받는 과정에서 소요될 수 있는 이주협의비용 내지 인도명령이나 명도소송을 통한 강제집행비용을 말한다. 점유자의 성향에 따라 명도비용이 들쑥날쑥하겠지만 대개 건물면적(전용면적 기준) 평당 10만 원 정도를 계산하는 것이 일반적이다. 기타 건물이 낡고 노후화된 경우의 개·보수비용을 고려하기도 한다.

다음으로 매출 및 지출구조에서의 매출액이란 건물 취득 후 운영과정에서 발생하는 월 단위의 임대료수입, 관리비수입, 주차료수입 등을 말한다. 그러나 이들 수입이 모두 수익으로 이어지는 것은 아니다. 임대료 수입이라는 것은 100% 임대를 전제로 하기 때문에 해당지역 또는 주변지역의 공실률을 감안하여 그 비용을 임대료 수입에서 감해야 하고, 관리비수입 역시 85~90%, 경우에 따라서는 100%가 관리비용으로 지출된다.

또한 취득 시 담보대출을 할 경우에는 금융비용이 발생하게 된다. 이들이 지출항목으로 매출액에서 지출액을 뺀 금액이 바로 연간 임대운영수익(월 임대운영수익×12)이 되는 것이다. 이 임대운영수익을 앞서 언급한 초기투자금액으로 나눈 값이 임대수익률이다. 물론 건물운영 시임대보증금, 담보대출금 등 단기 회수자금이 있을 것이므로 이들 회수자금을 초기투자금액에서 빼면 실투자금액이 되고, 이 실투자금액으로임대운영수익을 나누면 실 투자수익률이 산출된다.

이렇게 하여 도출된 투자수익률이 궁극적으로는 적정입찰가를 판단하는 기준이 된다. 즉 내가 기대하는 임대수익률이 연 10% 정도인데 30억 원을 입찰예상가로 가정하고 임대수익률을 분석한 결과 12% 정도의 안정화된 수익달성이 가능하다면 입찰예상가를 30억 원에서 좀 더상향 조정하는 식으로 목표수익률에 접근하는 입찰가를 산정하면 된다. 다만 수익률 분석 시 하나 염두에 둘 일은 비용항목을 지나치게 상세하게 기재하다 보면 입찰가 산정이 상당히 보수적인 경향을 띠기 때문에 낙찰받기가 어려워진다는 점이다. 눈에 보이는 비용들은 예외 없이 잡아내되 현상의 가치만을 판단하지 말고 리모델링이나 주변 개발호재에 따른 향후의 자산가치 상승의 영향으로 임대여건의 개선 여부도 고려해야 낙찰받을 확률이 더 높아질 것이다.

경매로 부동산을 취득하는 이유는 바로 저렴하게 매수하여 향후 시세차익을 확실히 보자는 데 있다. 그런데 오히려 급매보다 더 높게 낙찰을 받는다면 전혀 의미 없는 경매가 될 것이다. 경매의 진행절차를 확실하게 숙지하고 도전하자.

리모델링으로 건물의 가치 높이기
"이면도로 안쪽의 단독주택에서 미래가치를 발견하다"

경기도 일산에 거주하는 최영숙(48세) 씨는 서울 마포 홍대거리를 가끔 친구들 모임이 있을 때마다 눈여겨보곤 했다. 본인도 이곳에서 꼬마빌딩을 하나 장만하여 어엿한 건물주가 되면 노후는 걱정 없을 것이라는 생각으로 말이다. 그런데 좀 양호한 물건을 보러 다니기 시작한 지석 달이 되어도 자신이 보유한 자금 5억 원으로는 어디 가서 명함도 못 내미는 정도라는 걸 깨달았다. 고심 끝에 어떻게 하면 좋을까 여러 날 고민을 했다.

홍대 인근 지역들은 합정 균형발전 촉진지구 개발에 따른 1차적 지가 상승이 진행되고 있는 지역이다. 다양한 업무시설 및 대학타운이 인접해 있어 풍부한 수요층을 확보하고 있으며 정부와 지자체의 지속적인 개발 압력으로 지역적 가치가 한층 업그레이드 되는 모습을 기대해볼 수 있다.

홍대 주변 서교동의 경우 상권이 이미 형성된 대로변은 가격이 오를 대로 오른 3.3㎡당 7000~8000만 원 정도 했는데, 최 씨는 빈티지 거리의 이면도로 중 골목 안에 있는 대지 100.5㎡, 건물 168.59㎡ 규모의 3층 단독주택의 경우 3.3㎡당 4000만 원, 즉 12억1600만 원에 매수할 수 있었다. 물론 12억1600만 원의 자금이 전부 들어간 것은 아니고 대출 7억 원을 안고 매수했다.

최 씨가 매수한 단독주택 물건은 제2종 일반주거지역 및 특정개발진흥지구에 위치하고 있으며 현재 용도는 하숙집으로 사용 중이었다. 홍대 빈티지거리의 상권 활성화에 따른 지가 상승이 해마다 이루어지고 있으며 본 물건을 리모델링하여 1, 2, 3층은 전부 상업용 근린생활시설로 임대를 놓는다면 좋을 것 같다는 생각으로 매수했던 것이다.

그런데 왜 서교동 빈티지거리의 상권이 비교적 확장이 안 된 이면도로 안쪽의 단독주택을 매수했을까?

그 이유는 리모델링을 통해 단독주택을 근린생활상가 빌딩으로 변신을 가져다줌으로써 매매가의 가치상승과 더불어 달마다 안정적인 임대소득을 실현하는 전략 때문이었다. 단독주택을 전반적인 리모델링 보수공사를 하고 그에 맞는 재임대를 한다는 것 자체가 그리 쉬운 일은 아니었다.

우선 사업계획안 수립→가설계도면 작성의뢰→사업수지분석→사업타당성 확인→리모델링 시공사선정→관할구청 인허가→시공완료→임

최 씨가 구입한 상가주택이 위치한 서교동 빈티지거리

차인구인→임대사업시작의 단계를 거치는데 민원도 발생하고, 추가 공사비도 들어가고, 인허가 시 까다로운 조건 충족 등 여러 가지로 험난한 가시밭길이었던 것이 사실이다.

하지만 수익을 위해서는 그 정도는 감수해야 한다고 생각했다. 최 씨는 끝까지 공부하고 인내한 끝에 지금은 안정적인 임대수익을 얻고 있는 것이다.

본 수익형 꼬마빌딩은 단독주택을 리모델링을 통해 개조하여 상업용 수익형부동산인 근린상가빌딩으로 변모한 사례이다. 이 꼬마빌딩이 속하는 지역은 홍대를 비롯한 대학가, 지하철 2호선 홍대입구역의 역세권, 합정균형발전지구, 특정개발진흥지구라는 개발호재 등의 투자 3박자를 갖추었다. 부동산전문가들은 이곳은 여전히 향후 발전가능성이 많은 지역으로 분석하고 있다.

1. 하숙집으로 사용 중이었던 리모델링 전 단독주택
2. 리모델링으로 완성된 서교동 수익형 근린생활 꼬마빌딩
3. 설계도면을 바탕으로 작성된 조감도

4
chapter

꼬마빌딩이 돈 되게 만드는

관리 노하우1

01

잘 구성된 임차인 확보는
건물가치를 높일 수 있다

임차인 구성은 수익형부동산에서 수익을 올리는 데 제일 중요한 문제가 아닐 수 없다. 어떤 임차인이 건물에 들어왔는지에 따라 그 건물의 가치가 다르게 평가된다.

대로변을 걷다가 흔히 1층에 커피숍이나 편의점, 은행 등이 입점해 있는 건물을 보면 왠지 건물이 좀 있어 보인다고나 할까? 누구나 일반적으로 생각하고 있을 것이다. 사람들이 모이고 건물 외관도 깔끔하고 임대료도 안정적으로 들어온다면 더 이상 부러울 것이 없다.

최근 은행들이 1층보다는 2층에 사무실을 두고 영업을 하는 빌딩도 종종 보게 된다. 편의점을 임차인으로 둔 건물주들은 임대료·건물 가치 상승을 기대하며 여유로운 표정이지만 은행 지점을 임차인으로 둔 건물주는 언제 공실이 생길지 몰라 전전긍긍하는 모습이다. 그도 그럴 것이 은행의 경우는 오후 4시면 문을 닫아 건물이 죽어 있는 듯한 모습인데, 편의점은 24시간 불을 밝히고 있어 생동감 있는 건물로 인식을 심어준다. 1인 가구를 겨냥한 소비시장이 커지면서 1인 경제, 이른바 1코노미를 겨냥한 편의점 수는 급증하고 있는 반면 핀테크의 발전으로 은행을 직접 찾는 손님들이 줄면서 은행들은 지점을 잇달아 폐쇄하고 있다. 한마디로 시대적인 수요흐름에 따라서 제대로 된 임차인이 건물에 입점하느냐는 건물의 가치 상승은 물론이거니와 안정적인 임대수익 실현에도 결정적인 요인으로 작용한다.

서울 방이동에 거주하는 김성진(56세) 씨는 본인이 보유하고 있는 경기도 안양시 안양동 소재 건물에 입주한 세입자 문제로 골머리를 앓고 있다. 2015년 3월경에 본인의 건물 1층에 음식점 용도로 세입자와 임대차계약을 했는데 1년 동안은 장사가 그런대로 유지되어 별 탈 없이 임대료도 연체하지 않고 잘 들어오더니 그 후로는 몇 달씩 연체하는 일이 빈번하다.

이는 안정적인 임대수익실현과는 거리가 먼 이야기가 아닐 수 없다. '왜 장사가 잘 안 될까?' 하고 곰곰이 생각해보는데 우선 입지상으로 고급음식점이 조화가 이루어지지 않는다는 점이 마음에 걸린다. 즉 수요층을 끌어들이기에는 한계가 있다는 점이다. 소고기로 매출을 올리는 음식점인데 소득수준에 비해 수요자의 눈높이와는 맞지 않는 듯하다. 또한 세입자의 영업 전략에도 문제가 있는 듯하다. 밖에 내건 광고간판도 깔끔하지 못해 손님들을 유인하지 못하는 점도 거슬린다. 고기 맛은 어떨지 몰라도 하여튼 느슨한 영업 전략과 수요층을 예측 못한 업종 선정 등으로 고전을 면하지 못하고 있는 것이다. 이것은 세입자가 건물주의 임대사업에게 얼마나 영향을 미치고 있는가를 단적으로 보여주는 사례이다.

사실 임대료를 내려고 장사하는 사람은 없을 것이다. 꼬마빌딩을 매수할 때는 주 수요층이 어떤 계층이고 연령대는 어떻게 되는지를 세심하게 살펴보고 실행에 옮겨야 한다.

상가빌딩은 특수한 개별성과 소비자의 소비행위성이라는 잘 드러나지 않는 요소가 숨어 있다. 즉 가치가 상승되는 요소와 하락하는 위험요소가 드러나지 않는다는 점을 간과해서 꼬마빌딩을 매수하게 되면 낭패를 볼 수 있음을 꼭 잊지 말아야 한다. 단순한 지리적 입지조건 등은 현재 가격에 책정되어 있지만, 드러나지 않는 부분을 잘 찾아내는 것이 핵심이다. 같은 입지 조건이더라도 건널목, 육교, 버스정류장 등 외부요소와 임차업종과 임차인의 사업 수완에 따라 가치가 상승할 수도, 하락할 수도 있다는 점을 알아야 한다. 또한 중심상업지의 경우는 상권 이동이 천천히 진행되는데 그 흐름을 제대로 파악해야 한다. 상가 전문가들도 숨어 있는 요소들을 분석하는 것이 쉽지 않다. 그 지역과 인근 상업지를 두루두루 시간을 두고 봐야만 된다. 유동성이 높아도, 유동인구의 소비규모와 패턴에 따라서도 달라진다.

또한 임차인 구성이 잘되어야 건물가치가 사는 것은 비단 상업용 수익형부동산 물건에만 적용되는 이야기는 아니다. 주거용 수익형부동산

물건에도 똑같이 적용된다. 세입자로 들어온 사람이 월세를 연체하거나 사소한 일에도 끊임없는 민원제기를 한다면 건물주 입장에서는 여간 신경 쓰이는 것이 아니다. 또한 주요 세입자 성향과 수준도 고려대상이다. 대학생들인지, 직장인들인지, 공장밀집지역의 일일노동자들인지 등에 따라서 관리업무의 경중이 다르게 되며 그에 따르는 비용도 상당히 차이가 날 것이다.

결론적으로 상업용이든 주거용이든 수익형부동산 물건은 우선 제대로 된 세입자와의 만남이 제일 중요하다. 그다음으로 완벽한 건물관리를 통해서 건물에 따른 민원을 최소화해주어야 한다. 세입자 선정, 그것은 안정적인 임대사업의 중요한 요소 중 하나라는 것을 반드시 기억하자.

key point

흔히들 선호하는 임차인들은 카페, 은행, 편의점, 유명프랜차이즈 음식점 등이다. 얼마나 인지도 있는 브랜드가 건물에 입점해 있느냐에 따라서 건물의 가치는 천지차이이다. 임대수익은 물론이고 향후 매각 시에도 시세에 커다란 영향을 미친다는 사실을 염두에 두어야 한다. 당연히 우량 임차인 모집에 최선을 다해야 할 이유가 여기에 있다.

02

임대료 관리는
이렇게 하라

꼬마빌딩 건물주가 되었다고 저절로 노후대책이 완벽하게 세워지는 것은 아니다. 이제부터는 어떻게 관리해야 하는가에 그 초점을 맞추어야 한다. 다시 말해 가만히 앉아서 안정적인 임대수익이 들어올 리가 만무하다. 그에 따르는 노력의 대가가 바로 달콤한 임대수익이다. 정상적인 세입자를 만나서 정상적으로 임대료가 잘 들어온다면 관리에 대해 신경 쓸 필요가 없을 것이나 간혹 속을 무던히 썩이는 세입자의 경우 임대료 관리가 절대적으로 필요하다.

건물주들이 가장 힘들어하는 '월세가 밀리는 시기'를 대비해 임대료 수금 및 연체관리에 대해 알아보기로 하자. 보통 건물주들이 세입자가 임대료를 연체했을 경우에 대응하는 방법은 대동소이하다. 강약의 차이만 있을 뿐이다. 보통 1~2개월 정도 연체가 진행된 시점에 "월세 밀

렸어요. 납부 바랍니다" 정도의 독촉작업을 한다. 안타깝게도 한 번 연체를 했던 임차인은 특별한 경우를 제외하고는, 연체를 지속할 확률이 매우 높다. 게다가 임대료가 2개월, 3개월 밀려갈수록 목돈이 되기 때문에 임차인 입장에서도 납부를 포기해버리고 될 대로 되라는 식의 자포자기 유형으로 변하기도 한다.

예를 들어 임대료가 월 70만 원이라고 가정하면 3개월만 연체가 지속돼도 210만 원이 된다. 보통의 임차인 입장에서 200만 원이 넘는 금액을 한 번에 상환하기란 여간 부담스러운 일이 아니다. 더구나 이미 자금사정이 좋지 못해 임대료를 연체해오던 임차인이라면 더 말할 필요도 없다. 특히 상대적으로 보증금이 소액인 원룸의 경우 연체가 6개월 이상만 지속돼도 연체된 임대료가 보증금을 넘어서버리는 경우가 빈번하게 발생한다. 보증금이 넘치지 않았다고 해서 마냥 안심할 수도 없다. 임대료를 미납하는 임차인이 공과금이라고 미납하지 말란 법은 없다. 특히 겨울철 가스비용이 연체되기라도 한다면 무시할 수 없는 금액이 해당 호실에 부과된다. 보증금 안에서 해결이 되지 않으면 미납 공과금 납부 또한 임대인의 몫이다. 이러한 이유로 임대관리에서 연체관리는 굉장히 중요한 일이다. 임대사업의 궁극적 목적은 사실 "임대수익"인데 수익 발생에 자꾸 제동이 걸리고, 더불어 스트레스를 받게 된다면 차라리 수익률은 적어도 은행권에 편안하게 넣어두는 것이 좋을 것이다.

그렇다면 임대료 연체관리는 어떻게 해야 할까?

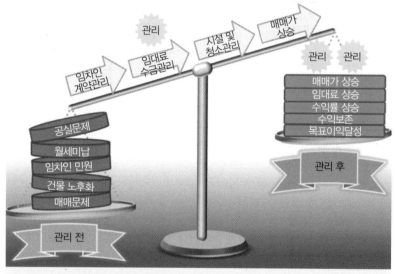

건물 관리 효과

관리

임차인
계약관리

임대료
수금관리

시설 및
청소관리

매매가
상승

관리 관리

임차인
계약관리

공실문제
월세미납
임차인 민원
건물 노후화
매매문제

관리 전

매매가 상승
임대료 상승
수익률 상승
수익보존
목표이익달성

관리 후

공실관리 등 건물관리를 통한 수익성 향상

1) 보증금을 여유 있게 받아라

임대보증금을 설정하고 받아두는 이유는 임대료나 관리비의 연체로
부터 임대인을 보호하려는 의미이다. 다시 말해 임대인에게 최고의 안
전장치는 보증금이라고 말할 수 있다. 임대료 미납, 공과금 미납, 도배·
장판 및 옵션파손 등 임대인의 귀책사유가 없는 수많은 변수 및 사고로
부터 임대인을 보호해줄 든든한 보호막이 되는 것이다. 미납으로 인한
명도소송을 진행하려 해도, 남아 있는 보증금이 없거나 넘쳐버렸다면
사실상 실익이 없어진다. 개인적인 생각으로는 임대료가 50만 원이라
고 가정했을 때 보증금은 1000만 원 이상은 되어야 안전하다고 판단된

다. 간혹 수도권 원룸주택의 경우 보증금 50만 원에 월 50만 원의 임대료로 임대차계약이 성립되어 있는 경우가 있는데 이는 임대인이 명도에 대한 특별한 노하우나 자신감이 없다면 해서는 안 되는 위험한 계약 조건이다.

2) 임차인과 관계를 좋게 하라

임대인은 임차인의 연체가 지속되면 전화는 물론, 찾아가서 독촉도 하고, 심한 경우 비밀번호를 임의로 변경하기도 한다. 감정이 격해지는 상황이 일어나서 경찰이 출동하는 소동이 일어나기도 한다. 단언컨대 그럴 필요 없다. 임대인은 한 명인데 비해 다수의 임차인을 상대해야 하기 때문에 진만 빠지게 된다. 문자와 전화는 5회 정도만 발송·발신하고 그 후에도 연체가 지속될 시, 남아 있는 보증금을 따져보고 내용증명 발송 후, 점유이전금지 가처분 및 명도소송을 순서대로 진행하면 된다. 사실 명도소송도 소송이기에 개인이 진행하기엔 다소 부담스러운 일이다.

3) 임대관리 전문회사에 맡겨라

주택임대관리 전문회사는 위와 같은 임대인의 어려움을 해결해주는 업무를 한다. 회사마다 업무능력 및 범위의 차이가 있지만, 애초에 연체 발생의 우려가 적은 우량의 임차인과 임대차계약을 체결하고 보증금 및 임대료를 최적의 조건으로 협의한다. 입주 후에도 체계적인 수금 관리를 통해 연체를 미연에 방지하고 안정적인 임대수익이 발생할 수 있도록 한다.

그럼에도 불구하고 연체가 발생하면 1차 독촉작업→내용증명 및 최종 독촉작업→점유이전금지 가처분 신청 및 명도소송 대행의 순서로 업무를 수행하게 된다. 임대인은 따로 신경을 쓰지 않으면서도 안정적 임대수익을 영위할 수 있게 된다.

key point

아무리 우량 임차인이 들어왔다고 해도 실제로 임대료가 제때에 들어오지 못하고 연체가 빈번하게 발생하면 임대인의 입장에서는 여간 고민이 아닐 수 없다. 임대료 관리는 임대사업을 영위하는 데 필수다. 수익률에 절대적이고 직접적인 영향을 미치는 것이기 때문에 임대료 관리에 만전을 기해야 한다.

03

월세 인상이 좋을까, 보증금 인상이 좋을까?

　서울시 성북구 상월곡동에서 커피숍을 운영하고 있는 김영순(45세) 씨는 건물주의 월세 인상으로 적잖은 고민이 많다. 그 이유는 최초 임대차계약을 할 당시에는 주변 시세보다 저렴한 시세인 보증금 5000만 원에 월 임차료 200만 원의 조건으로 입점했다. 그러다 임대차계약기간 2년의 종료기간이 다가오는 몇 개월 시점에 현 시세대로 월세를 현실화해달라는 통보를 받았기 때문이다. 아직은 몇 개월 남은 임대차 기간이 있어 건물주와 협의도 해보고, 법적 대응방안도 모색해보겠지만 그래도 약자는 세입자이기에 고민이 많다. 이처럼 보증금과 월세는 임대차 기간이 종료되는 시점에 오면 재계약이냐 아니냐, 인상이냐 아니냐로 고민이 많을 수밖에 없다.

주택이든 상가든 임대차 관계에서 가장 민감한 부분은 월세인상일 것이다. 사실 임대인과 임차인 관계에서 월세인상을 주도하는 쪽은 임대인이기 때문에 임대인이 절대적인 '갑'인 것처럼 여겨지지만, 임대인 입장에서도 말 못할 사정이 있다. 우리나라 임대인 대다수가 높은 대출금을 끼고 임대사업을 하고 있고, 매달 나가야 하는 이자에 건물 유지비용, 공실에 따른 손해, 세금 등 각종 지출을 빼면 손에 남는 수익은 많지 않다. 그렇다 보니 임대인 입장에서도 피치 못하게 월세 인상을 해야 하는 경우가 많다. 하지만 워낙 민감한 사항이다 보니 임차인과 크고 작은 마찰이 일어나기도 한다. 이런 마찰을 예방하기 위해서는 주택 및 상가 월세 인상에 대한 기본적인 법적 내용을 알아두는 것이 좋다.

주택임대차보호법에서는 주택의 월세인상은 보증금의 5%를 초과할 수 없다고 규정하고 있으며, 상가임대차보호법의 경우에는 9%로 제한하고 있다. 또한 월세인상을 하고 난 후 1년 이내에는 재인상이 불가능하다. 만약 3월에 임대차계약을 체결했다면 월세인상이 가능한 시기는 재계약이 이루어지는 다음해 2~3월이 될 것이다.

다만 재계약 아닌 새로 계약을 체결하는 경우라면 임대차보호법에 구애되지 않고 주택 5% 이상, 상가 9% 이상의 월세인상이 가능하다. 그렇다면 묵시적 갱신의 경우는 어떨까? 묵시적 갱신이 되었다고 하더라도 월세인상 시점이 1년이 지났다면 인상이 가능하다. 이 경우 법에 따라 주택 5%, 상가 9% 내에서 인상해야 한다.

임대차계약 기간이 종료되면 임대인이나 임차인이나 동시에 생각하는 것이 바로 재계약 여부이다. 주거의 경우 주거만족도가 좋으냐 안 좋으냐에 따라 결정할 것이고, 상업용의 경우 임차인의 입장에서 장사가 되느냐 안 되느냐에 따라 재계약 여부를 결정하게 될 것이다. 이 경우 '월세를 인상할 것인가, 보증금을 인상할 것인가?' 임대인 입장에서는 고민이다. 이를 결정하는 최종적인 판단은 아무래도 금리의 영향이 결정적일 것이다. 요즘처럼 금리가 바닥을 치고 있을 때에는 보증금보다는 월세를 올리는 편이 유리할 것이고, 만약 임대인이 자금이 부득이하게 필요하다면 보증금을 인상하고자 할 것이다.

임차인 입장에서는 임대료가 인상되면 영업이익에 지대한 영향을 미치기 때문에 과도한 월세인상을 요구하는 임대인에게 사정을 적극적으로 이야기하면서 대처해야 할 것이다.

key point

수익형부동산의 임대차재계약기간이 만료될 무렵 임대인의 입장에서는 '임대료 인상을 할까, 말까?' 하는 고민 후에 과연 월세를 인상할지, 보증금을 인상할지 행복한 고민에 빠지는 경우가 있다. 이때에는 본인의 자금사정에 맞는 전략을 구사해야 할 것인데 본인이 현재 여유자금이 있다면 보증금 인상보다는 월세를 인상하고, 다른 투자처가 발생하여 자금이 필요할 경우 보증금 인상으로 종잣돈을 마련하는 전략이 필요하다.

04

임대차 갱신 시
유의할 점

사업을 하기 위한 상가를 임대하거나 주거를 위한 주택을 임대할 때는 계약기간이 있기 마련이고 그에 따르는 만기일이 있다. 만기일이 다가오면 다시 임대차계약을 갱신해야 하는데 이에 따르는 주택의 유의사항과 상가의 갱신 요구권에 대하여 자세하게 알아보자.

1) 주택임대차 갱신 시 유의사항

주택임대차보호법 6조에서는 기간이 만료되는 임차인과의 계약을 변경하기 위해서는 만료일 기준 1~6개월 전에 고지해야 한다고 말한다. 이를 벗어나게 되면 묵시적 갱신에 해당되어 이전 임대차계약을 동일하게 유지해야 한다. 고지라는 것은 과정이나 진행이 아닌 완료를 기준으로 한다. 정확한 협의가 없었으면 고지한 것이 아니다. 대법원 판례를 찾아봐도 이는 명확하기 때문에 하루를 지나도 갱신 기간이 아니면 특별한 사유가 없는 한 묵시적 갱신으로 볼 수 있다. 또한 묵시적 갱신 기간에 귀속되는 경우에는 임대인은 반드시 이전 임대차를 지켜야 하며 임차인은 해지 통보를 할 수 있다. 임차인이 해지 통보를 하면 통보일 기준으로 3개월 이후 만료되는 것으로 본다. 주택임대차보호법 7조에서는 보증금에 대해 현재의 현실을 반영하여 금액을 조절할 수 있다는 근거를 두고 있고 시행령 2조에 의해 증액이 5%를 넘지 못하며 1년 이내에는 다시 청구하지 못한다. 민법 628조도 차임증감청구권을 가진다. 민법 628조는 주택의 경우 특별법인 주택임대차보호법을 먼저 따라야 하며 상가의 경우도 임대인 마음대로 올릴 수 있다는 취지는 아니다. 민법 312, 313조에서는 전세권 소멸, 묵시적 갱신에 대해서 이야기하고 있지만 엄밀히 따지면 주택임대차보호법은 주택임대차보호법이고, 민법은 민법이기에 각자의 적용 범위를 잘 살펴봐야 한다. 그럼 현실은 어떨까?

법은 법이고, 현실은 현실이다. 왜 그럴까? 법이 꼭 현실까지는 아니어도 어느 정도 구색이 맞게 돌아가야 법치주의고 민주주의다. 임대차 시장을 보면 아직까지는 법보다 관행이라는 이름으로 참 여러 사람을 피곤하게 한다. 묵시적 갱신의 경우도 일단 법을 떠나 사람마다 모두 계획이라는 것을 두고 있고, 때가 있다는 것을 이해해야 한다. 주거 문제의 경우도 주거 문제로 끝나는 것이 아니라 그 사람의 주거 외적인 문제도 함께 연결되기 때문에 반드시 계획과 타이밍이 중요하다. 이것은 민법을 떠나 모든 계약의 기본이다. 하지만 현실은 임대차계약 당일 또는 몇 주를 남기고 변경을 통보하거나 만료일이 지나서까지 증액이나 변경을 통보하는 경우가 많다.

이런 경우 임차인은 임대인과의 좋은 관계를 위해 최대한 협의를 보는 경우가 많다. 어쩔 수 없이 임대인의 요구사항을 들어주는 경우가 대부분이다. 하지만 최근에는 조금은 판도가 달라지고 있다. 가끔 임차인이 묵시적 갱신의 이행을 강하게 주장하고 임대인은 어쩔 수 없이 따르는 경우도 보게 된다.

과거에는 결국 치고 박고 싸워봐야 임차인이 피해가 크다는 사실을 인지하고 가능하면 임대인이 원하는 방향을 들어주는 경우가 많았다. 또한 보증금의 반환 시기도 생각하여 혹여나 지연이 발생될 것을 염려하여 최대한 좋게 풀고자 협의를 보았다.

그러나 최근의 젊은 세대는 주장할 것은 강하게 주장한다. 보증금 지연 문제도 결국 소송전으로 가면 임대인도 피곤하다는 사실을 안다. 또한 소송전에 대한 부담감이 이전 세대보다 젊은 세대가 덜하다는 판단이 든다. 주택임대차보호법 또한 인터넷을 통해 언제든 법조문을 열람할 수 있고 어려운 내용은 별도의 공부까지 하며 숙지하고 대응하는 경우가 많아 단순히 목소리만 그리고 문제가 해결되지 않는다. 어설픈 트집 잡기는 결국 재판부도 다 알고 판단한다. 결국 임대인도, 임차인도 모두 손해가 생긴다.

또한 이해당사자들이 주택임대차보호법에 대한 인식이 전혀 없는 것도 문제다. 현업 중개업자는 대부분 거래가 우선이며 알면서도 모르는 척하는 경우가 많다. 실제로 무자격자는 모르는 경우도 많다. 관리 차원에서도 매매나 이전 과정에서 최대한 끼워 맞춰 팔기 위해 갱신 기간을 무시하고 무리수를 띄우는 경우도 많다. 하지만 업자들이 마음대로 요리할 수 있는 일은 점점 없어질 것이다. 임대인 또한 스스로의 말이 곧 법이라고 생각하는 꽉 막힌 사람들이 아직 많은 것도 문제다. 협의라는 것은 내 말과 상대방의 말을 함께 듣고 함께 이행하는 것을 뜻한다. 어느 한쪽으로 쏠리는 것은 협의가 아닌 강요이다. 때문에 가장 이상적인 것은 역시나 강요가 아닌 진정한 협의를 보는 것이다.

만약 협의가 아닌 강요가 된다면 임차인도 사실 조금은 더 강하게 주장해도 된다. 그럴 수 있는 근거도, 권리도 현재 사회적 기준보다 더 있고, 더 할 수 있다. 말은 최대한 협의를 보는 것이 맞지만 말이 통하지 않을 때는 임차인이라고 무조건 고개를 숙이고 돌아서는 것이 아니라 지금보다 조금은 더 강하게 주장해야 한다. 그래야 이 '웃기는 관행'이라는 것도 바뀌게 될 것이다. 실제로 그런 양상이 조금씩 보이고 있다. 어차피 내가 말하지 않아도 향후에는 일반적인 관행보다는 원칙에 부합하는 쪽으로 변화가 있을 것이다.

정리하면 묵시적 갱신은 계약만료 6~1개월 전까지 계약을 유지할지 말지에 대한 아무런 이야기가 없을 경우 자동계약연장이 된다. 이때 조건은 동일한 조건으로 연장된다. 묵시적 갱신에 의한 계약기간 연장의 경우, 세입자는 언제든지 임대인에게 주택임대차 계약해지를 통지할 수 있다. 그때 당장 효력이 발생하는 것은 아니고 통보한 뒤 3개월이

■ **주택임대차와 상가건물임대차 비교**

구분	주택임대차	상가건물임대차
목적	주택임차인의 주거생활 안정을 위해	영세한 상가건물임차인의 경제생활 안정을 위해
적용범위 (보증금액)	제한 없음	환상보증금 4억~1억8천만 원 이하
대항력 요건	건물의 인도와 주민등록	건물의 인도와 사업자등록
임대차 기간	최소 2년	• 최소1년 • 5년 계약갱신요구권
계약의 갱신	묵시적 갱신(기간 2년)	• 계약갱신 요구에 의한 갱신(기간은 전 임대차계약과 동일조건) • 묵시적 갱신(기간 1년)
차임증액 청구	5/100 이내	9/100 이내
보증금의 차임 전환시 산정률	연10% 또는 한국은행기준금리×4 중 낮은 비율 적용	연12% 또는 한국은행기준금리×4.5 중 낮은 비율 적용
소액보증금 우선변제권	• 소액보증금: 9천500만~4천500만 원 이하 • 최우선변제: 3천200만~1천500만 원 한도 • 주택가액의 1/2 한도	• 소액보증금: 6천500만~3천만 원 이하 • 최우선변제: 2천200만~1천만 원 한도 • 상가건물가액의 1/2한도

지나면 효력이 발생한다. 다시 말하면 집주인 입장에서는 통보받은 뒤 3개월 후 보증금을 반환할 의무가 생긴다는 의미이다. 여기서 중요한 것은 묵시적 갱신으로 계약기간을 넘겼다가 다시 재계약을 하는 경우도 있다. 이 경우 꼭 등기부등본을 다시 확인할 필요가 있다. 처음 계약할 때는 근저당 설정이 없었지만 집 주인이 대출을 추가로 받았다면 은행에 비해 후순위 권리자가 될 수도 있기 때문이다.

2) 상가의 계약갱신요구권

상가 임대차계약갱신요구권이란 상가를 임대차하여 사용하는 임대인에게 최초 계약일로부터 5년간 임대차계약을 요구할 수 있는 권리이다. 상가건물의 매매계약이 이루어지면 매수인의 임대차 승계로 별문제 없이 원만하게 잔금을 치르는 게 보통이다. 하지만 매수인의 건물 신축으로 건물을 철거해야 하는 상황이 올 경우 임대인(건물주)의 입장에서는 현 임차인들의 명도가 가장 어려운 숙제의 하나가 될 것이다. 가끔은 건물주와 임차인의 마찰이 생겨 법적인 소송까지 가는 경우가 있다.

법적으로 명시된 상가임대차보호법을 살펴보자. 상가임대차 보호법 제10조(계약갱신요구권)는 "임차인은 계약기간이 만료되기 6개월에서 1개월 사이에 계약갱신을 요구할 경우 정당한 사유 없이 임대인은 이를 거절하지 못한다"라고 규정하고 있다. 이는 강행규정으로 임대인이 거절할 수 없는 법조항이다. 하지만 다음의 8가지 사항에 해당하는 임대인은 계약갱신을 거절할 수 있다.

① 임차인이 3기의 차임액에 해당하는 금액에 이르도록 차임을 연체한 경우

② 임차인이 거짓이나 그 밖의 부정한 방법으로 임차한 경우

③ 서로 합의하여 임대인이 임차인에게 상당한 보상을 제공한 경우

④ 임차인이 임대인의 동의 없이 목적 건물의 전부 또는 일부를 전대한 경우

⑤ 임차인이 목적 부동산을 일부 또는 전부를 고의나 중대한 과실로

파손한 경우

⑥ 목적부동산이 일부 또는 전부가 멸실되어 임대차의 목적을 달성하지 못할 경우

⑦ 목적부동산을 철거하거나 재건축하기 위하여 점유를 회복할 필요가 있는 경우, 단 아래에 해당하는 경우라야 하는 단서조항이 있다.

가. 임대차계약을 체결할 당시에 철거나 재건축의 계획을 임차인에게 구체적으로 고지하고 그 계획에 따르는 경우

나. 노후로 인하여 안전사고의 우려가 있는 경우

다. 다른 법령에 따라 철거나 재건축이 이루어지는 경우

⑧ 임차인이 임차인으로서의 의무를 현저히 위반하거나 임대차를 계속하기 어려운 중대한 사유가 있는 경우

이상에서 살펴본 상가임대차 계약요구갱신권은 아무 상가나 적용받는 것은 아니다. 즉 부동산 업자나 건물주들의 횡포로부터 영세 임차인들의 권리를 보호하고 과도한 임대료 인상을 막기 위해 2001년 제정된 이 법은 상가건물의 임대차에 적용하되, 대통령령이 정하는 보증금액, 곧 서울은 4억 원, 수도권 과밀억제권역은 3억 원, 광역시와 수도권 과밀억제권역이 아닌 인천·안산·용인·김포·광주는 2억4000만 원, 그 밖의 지역은 1억8000만 원을 초과하는 경우는 제외한다는 점을 알고 대처해야 할 것이다.

임대차 갱신기일이 다가오면 임대인이나 임차인 모두 신경이 곤두설 수밖에 없다. 임대인의 입장에서는 한 푼이라도 임대료를 인상하여 수익률 제고에 힘쓸 것이고, 임차인은 저렴하고 안전하게 계약기간을 연장하면서 사업을 지속하고 싶기 때문이다. 임차인의 입장에서는 계약갱신요구권을 청구하려면 연체나 불법 개조, 불법 임대 등의 위반사항을 하지 말고 적법한 임대차계약의 법적 범위 내에서 임차를 지속해야 한다는 것을 잊으면 안 된다.

05

꼬마빌딩 보유 시
발생하는 세금들

꼬마빌딩을 막연하게 입지 분석하고, 투자자금을 준비하고, 의사결정을 한다고 해서 모든 게 끝난 것이 아니다. 이제는 투자수익률을 계산해보아야 한다. 실투자금액 대비해서 임대수익률은 얼마나 나오는지, 보이지 않게 연간 납부해야 할 제세공과금은 또 얼마나 숨어 있는지를 살펴볼 줄 알아야 제대로 된 투자라고 할 수 있다. 표면적으로 아무리 높은 수익률이 나온다 할지라고 세금 등을 공제하고 난 뒤에 속빈 강정이 된디면 아무런 의미가 없다.

1) 부가가치세
꼬마빌딩을 취득하면서 건물분에 대한 부가가치세를 납부해야 한다.

보통 실무에서는 부가가치세를 포괄양수도계약서를 작성하고 그것을 통해 서로 납부를 면제하는 경우가 대부분이다.

첫째, 분양을 받았거나 매매계약을 통하여 취득한 경우
① 부가가치세 납부
가. 건물분 공급가액 10% 납부

부가가치세법은 상가를 분양하거나 양도하는 경우 재화의 공급으로 보아 분양자나 양도인은 수분양자나 양수인에게 상가 분양가(매매가) 외에 건물 공급가의 10%에 해당하는 부가가치세를 징수해 세무서에 납부해야 한다.

나. 건물분 공급가액 결정

상가를 분양할 때의 분양가나 매매할 때의 매매가는 토지와 건물 공급가액이 합산되어 있다. 특히 집합건물의 상가는 더욱 그렇다. 상가취득 시 납부해야 하는 부가가치세는 건물분 공급가액의 10%를 수분양자나 양수인이 부담해야 되지만 토지는 부가가치세가 면제되므로 토지분 공급가액에 대하여는 부가가치세를 납부하지 않는다.

다. 과세유형별 세금계산서 발급과 부가가치세 납부 여부

ⓐ 일반과세자(양도인)→일반과세자(양수인): 양도인은 세금계산서를 발급해야 하고, 양수인은 매매가 외에 건물분 부가가치세 10%를 양도인에게 지급해야 한다. 양도인은 양수인에게 부가가치세 10%

를 받아서 과세관청에 신고·납부한다.

ⓑ 일반과세자(양도인)→간이과세자(양수인): 양도인은 세금계산서를 발급해야 하고, 양수인은 매매가 외에 건물분 부가가치세 10%를 양도인에게 지급해야 한다. 양도인은 양수인에게 부가가치세 10%를 받아서 과세관청에 신고·납부한다.

ⓒ 간이과세자(양도인)→일반과세자(양수인): 양도인이 간이과세자인 경우에는 세금계산서를 발급할 수 없으므로 양도인은 양수인으로부터 건물분 부가가치세 10%를 받을 수 없다. 그래도 간이과세자인 양도인은 부가가치세를 신고·납부해야 한다. 신고·납부해야 할 금액은 '건물분 공급가액×업종별 부가가치세율(부동산임대업의 경우 30%)×10%'다.

ⓓ 간이과세자(양도인)→간이과세자(양수인): 간이과세자→일반과세자의 경우와 동일

ⓔ 일반과세자(양도인)→비사업자: 양도인은 세금계산서를 발급해야 하고, 양수인은 매매가 외에 건물분 부가가치세 10%를 양도인에게 지급해야 한다. 양도인은 양수인에게 부가가치세 10%를 받아서 과세관청에 신고·납부한다.

ⓕ 비사업자(양도인)→일반과세자·간이과세자: 양도인은 비사업자인 경우에는 세금계산서를 발급할 수 없으므로 양도인은 양수인으로부터 건물분 부가가치세 10%를 받을 수 없다.

② 부가가치세 환급

가. 부가가치세 환급이란

'부가가치세법'에서의 환급은 예정신고기간 또는 과세기간의 매입 세액이 매출세액을 초과한 때에 그 초과하는 금액을 환급세액으로 해서 납세의무자에게 되돌려주는 것을 말한다.

나. 환급의 구분

ⓐ 일반환급: 조기 환급대상을 제외한 모든 경우의 매출세액을 초과하는 매입세액이 일반환급 대상이다. 상가를 분양하거나 매매하는 경우 분양자나 양도인은 자신의 수분양자나 양수인으로부터 받은 부가가치세를 보관했다가 부가가치세 신고·납부기간에 자신의 매출 부가가치세로 신고 및 납부한다. 그러면 수분양자나 양수인이 일반과세자인 경우에 아직 매출이 발생하지 않았기 때문에 자신이 지급한 건물분 부가가치세를 과세관청으로 돌려받을 수 있다. 이것을 부가가치세 환급이라고 한다. 환급은 양수인(수분양자)에 대한 문제다. 일반적으로 부가가치세 환급시점은 예정신고 때 환급해주는 것이 아니라 확정 신고기간이 만료일(1월 25일, 7월 25일) 후 30일 이내에 환급해주도록 되어 있다.

ⓑ 조기환급: 일반적으로 부가가치세의 환급세액은 과세기간별로 확정신고기한 경과 후 30일 이내 환급하는 것이 원칙이나, 다음의 경우는 수출 등과 투자를 지원하기 위해 예정 또는 확정신고기한 경과 후 15일 이내에 사업자에게 환급하는데, 이것을 조기 환급이라

고 한다. 조기 환급은 각 예정신고기간별로 그 예정신고 기한이 지난 후 15일 이내에 예정신고한 사업자에게 환급해야 한다.

다. 환급받기 위한 조건

ⓐ 일반과세자(양도인)→일반과세자(양수인): 상가를 분양받거나 매수하는 사람이 일반과세자인 경우에는 자신이 지급한 건물분 부가가치세를 환급받을 수 있고, 비사업자나 간이과세자인 경우에는 부가가치세를 환급받을 수 없다. 다시 말하면 양수인이 임대사업자로 부가가치세법상 일반과세자로 등록하면 자신이 지급한 부가가치세를 환급받을 수 있는 것이다. 단 공급시기(잔금지급일 또는 계약일)가 속하는 과세기간 종료일로부터 20일 이내 사업자등록 신청을 해야 환급받을 수 있다.

ⓑ 중간지급조건부 공급인 경우: 상가를 분양받거나 매수할 때 계약금, 중도금, 잔금으로 분할해 지급하는 경우로 계약금 지급일로부터 잔금지급일까지의 기간이 6월 이상인 중간지급조건부 공급인 경우 '각각의 대가를 지급하기로 한 때'가 공급시기가 되므로 상가 계약일이 속하는 과세기간 종료일로부터 20일 이내에 사업자등록을 해야 부가가치세를 환급받을 수 있다. 즉 분양계약시에 약정된 계약금, 1차 중도금, 2차 중도금, 잔금 등을 납부할 때마다 분양사(시행사)로부터 사업자등록번호가 기재된 세금계산서를 발급받고 이를 바탕으로 관할 세무서에 환급신고를 한다. 계약금을 지급할 당시에는 수분양자는 사업자등록증이 없으므로 처음에는 수분

양자의 주민등록번호가 기재된 세금계산서를 받으면 된다. 따라서 상가를 분양받을 경우 자신이 계약하는 거래가 중간지급조건부 공급인 경우에 해당하는지 여부를 반드시 확인해야 한다. 일부 상가 투자자의 경우 이러한 중간지급조건부 공급을 알지 못해 부가가치세를 환급받지 못하는 경우가 많다.

둘째, 경매나 공매로 상가를 취득할 경우
① 부가가치세 납부 불요
경매나 공매로 상가를 취득한 경우는 일반적으로 부가가치세를 납부하지 않는다.

② 부가가치세 환급
경매나 공매로 상가를 취득한 경우는 부가가치세를 납부하지 않으므로 환급도 당연히 없다.

③ 부가가치세 반환
상가를 경매나 공매로 취득한 경우는 부가가치세를 납부하지 않고, 환급도 받지 않으므로 10년 내에 사업을 폐업하거나 간이과세자로 변경해도 반환하지 않는다.

2) 재산세와 종합부동산세

꼬마빌딩을 한 채 갖기를 늘 소원하던 서울의 유혜주(42세) 씨는 늘 모든 일에 최선을 다해서 알뜰하게 종잣돈을 모아서 대출을 안고 광진구 군자동의 꼬마빌딩을 매수하는 데 성공했다. 그는 투자할 금액이 많지 않았기에 월임대료에서 대출이자 및 공과금을 제외하고서도 남는 금액이 있는지의 여부가 꼬마빌딩의 핵심 매수 포인트였다. 여러 달을 고민 끝에 대지 약 138㎡의 건물을 16억 원을 주고 매수했는데, 그중 대출금액과 보증금을 안고 매수하게 되어 본인의 실투자금액은 6억 원 남짓 들었다. 이후 그 꼬마빌딩에서 쏠쏠하게 임대소득을 올리고 있었는데 어느 날 갑자기 생각지도 않았던 재산세와 종합부동산세 고지서가 집으로 날아들어 깜짝 놀라지 않을 수 없었다. 전혀 생각지도 못한 세금이라서 더더욱 그렇다. 애초에 수익률 계산에도 연중 자금 계획에도 넣지 않았던 항목이라서 부담감은 더욱 크다.

재산세와 종합부동산세는 부동산 보유자가 내는 보유세로 부동산을 보유한 기간 동안은 매년 내야 한다. 재산세는 매년 6월 1일을 기준으로 부과되고, 종합부동산세는 일정 금액 이상의 부동산 소유자에게 매년 부과되고 있다.

① 재산세

토지, 일반건축물, 주택, 선박, 항공기 등을 보유하고 있다면 매년 재산세를 납부해야 한다. 다만 재산세는 보유기간과 무관하게 특정 시점에 해당부동산을 보유한 사람이 1년치 세금을 모두 내도록 되어 있다.

따라서 부동산을 사고파는 시점에 따라 단 하루 차이에도 1년치 재산세를 모두 납부하거나 내지 않을 수도 있다는 점을 꼭 기억해야 한다.

토지에 대한 재산세는 매년 9월, 일반 건축물에 대한 재산세는 매년 7월, 주택은 매년 7월, 9월에 반반씩 부과된다. 이렇게 부유 부동산에 따라 내야 하는 재산세의 납부 시기는 다르지만 그 과세 기준일은 매년 6월 1일로 동일하다. 즉 1년 중 며칠 동안 부동산을 보유하는지는 중요하지 않고 6월 1일 그 시점에 부동산의 소유자로 인정되는 사람에게 1년치의 재산세를 모두 부과하는 방식이다. 그렇기 때문에 부동산 보유 재산세 부담을 줄이고 싶으면 부동산을 파는 사람 입장에서는 6월 1일 전에 팔고 부동산을 사는 사람의 입장에서는 6월 1일 이후 사야 재산세 납부 부담이 줄어들게 된다.

그렇다면 부동산 거래 시 소유권이 이전되는 시점을 언제로 보느냐가 중요하다. 부동산 세법에서 소유권 이전 기준일은 매매계약서상 잔금일을 기준으로 하는데 잔금청산일과 소유권 이전 등기일 중 빠른 날을 기준으로 정한다. 일반적으로 부동산을 거래할 때 계약금과 중도금, 잔금으로 대금을 나눠주고 받는데 원칙적으로 잔금을 치른 날을 소유권이 이전된 것으로 본다. 다만 잔금청산일이 분명하지 않은 경우에 대비해 소유권이전등기일을 보충적 방법으로 두고 둘 중 빠른 날을 소유권이 넘어간 날로 간주하고 재산세과세기준일로 삼는다. 따라서 주택 등 부동산을 사는 사람이 잔금일자를 6월 1일 이후로 하더라도 소유권이전등기를 6월 1일 이전에 마친다면 불과 며칠 차이로 납부하지 않아도 되는 1년치 재산세를 납부해야 한다. 때문에 부동산을 매수할 경우

■ 주택의 재산세율

주택 재산세 과세 표준	세율
6천만 원 이하	0.1%
6천만 원 초과 1억5천만 원 이하	6만 원 + 6천만 원 초과액의 0.15%
1억5천만 원 초과 3억 원 이하	19만5000원 + 1억1천만 원 초과액의 0.25%
3억 원 초과	57만 원 + 3억 원 초과액의 0.4%

■ 재산세 납기일

과세대상	납기
토지	매년 9월16일~9월30일
건축물	매년 7월16일~7월31일
주택	매년 7월16일~7월31일
	매년 9월16일~9월30일

매매계약을 6월 1일 전에 하더라도 잔금 청산일과 소유권 이전 등기는 6월 1일 이후에 해야 그 해의 재산세를 피할 수 있게 된다. 이로 인해 부동산거래 시 매도자와 매수자 간 분쟁이 생기기도 하는데 이때는 재산세를 서로 나누어 내도록 합의하고 그 특약사항을 계약서상에 기재하는 것도 거래성사 방법 중 하나이다.

마지막으로 재산세를 산정하는 과세표준액은 부동산 종류에 따라 달라지는데

가. 토지는 '부동산가격공시 및 감정평가에 관한 법률'에 의해 가격이

공시되는 개별공시지가를 과세기준일 현재의 개별공시지가로 한다. 과세기준일 현재 당해 연도에 적용할 개별공시지가가 결정되고 공시되지 않은 경우엔 직전 연도에 적용되던 개별공시지가로 한다.

나. 주택은 건물과 그 부속 토지를 일괄적으로 평가한 가액으로 한다. '부동산가격공시 및 감정평가에 관한 법률'에 의해 국토교통부 장관이 공시하는 개별주택가격을 과세표준액으로 한다.

다. 건축물은 건물의 신축가격과 구조, 용도, 위치, 신축연도 등을 참작해 매년 1회 이상 국세청장이 산정, 고시하는 건물의 신축가격 기준액을 적용한다.

② 종합부동산세

종합부동산세란 과세기준일인 매년 6월 1일 현재에 전국의 주택 및 토지를 유형별로 구분해 인별로 합산한 결과, 공시가격 합계액이 과세기준금액을 초과할 경우 그 초과분에 대하여 과세되는 세금이다.

가. 1차로 부동산 소재지관할 시·군·구에서 관내 부동산을 과세 유형별로 구분하여 재산세를 부과하고

나. 2차로 유형별 공제액을 초과하는 부분에 대하여 주소지 관할 세

유형별 과세대상	공제액
주택(주택부속토지 포함)	주택공시가격 6억 원 (1세대 1주택자 9억 원)
종합합산 토지(나대지, 잡종지 등)	토지공시가격 5억 원
별도합산 토지(상가, 사무실, 부속토지 등)	토지공시가격 80억 원

■ **종합부동산세율**

과세 범위	납세의무자	과세표준	표준세율	
주택	재산세납세의무자로서 주택의 공시가격 합계액 6억 원 초과자 ※1세대 1주택자는 9억 원	주택공시가격 합계액 –6억 원	6억 원 이하 6억 원 초과 12억 원 이하 12억 원 초과 50억 원 이하 50억 원 초과 94억 원 이하 94억 원 초과	5/1,000 300만 원+6억 원 초과분의 7.5/1,000 750만 원+12억 원 초과분의 10/1,000 4,550만 원+50억 원 초과분의 15/1,000 1억1,150만 원+ 94억 원 초과분의 20/1,000	
토지	①종합합산과세대상: 과세대상 토지 공시 가격 합계액 5억 원 초과자	토지공시가격 합계액 –5억 원	15억 원 이하 15억 원 초과 45억 원 이하 45억 원 초과	7.5/1,000 1,125만 원+15억 원 초과분의 15/1,000 5,625만 원+45억 원 초과분의 20/1,000	
	②별도합산과세대상: 과세대상 토지 공시 가격 합계액 80억 원 초과자	토지공시가격 합계액 –80억 원	200억 원 이하 200억 원 초과 400억 원 이하 400억 원 초과	5/1,000 1억 원+200억 원 초과분의 6/1,000 2억2,000만 원 +400억 원 초과분의 7/1,000	

• 1세대 1주택자란 거주자로서 세대원 중 1명만이 주택분 과세대상인 1주택을 단독으로 소유한 경우를 말함.

무서 종합부동산세를 부과한다.

일정한 요건을 갖춘 임대주택, 미분양주택 등과 주택건설사업자의 주택신축용 토지에 대해서는 9월16일부터 9월30일까지 합산배제신고를 하는 경우 종합부동산세가 과세에서 제외된다.

납부기한은 매년 12월1일~15일(15일간)이며 국세청에서 세액을 계산하여 납세고지서를 발부(신고납부도 가능)하며, 세액의 납부는 일시납 원칙이나 분할 납부, 물납도 가능하다.

가. 분납

납부할 세액이 500만 원을 초과하는 경우 납부할 세액의 일부를 납부 기한 경과 후 2개월 이내에 납부

ⓐ 500만 원 초과 1000만 원 이하: 500만 원 초과금액을 분납

ⓑ 1000만 원 초과: 납부할 세액의 100분의 50 이하의 금액을 분납

나. 물납

세액 1000만 원을 초과하는 경우(농어촌특별세 불납 불가) 농어촌특별세는 납부할 종합부동산세액의 20%

고지세액을 기한 내에 납부하지 아니한 때에는 납부기한 다음날에 3%의 가산금이 부과되고 체납된 종합부동산세 또는 농어촌특별세가 100만 원 이상인 때에는 매월 1.2%씩 중가산금이 60개월 동안 부과된다.

3) 종합소득세

① 종합소득세의 의미

종합소득세는 말 그대로 여러 소득을 종합한 것을 말하는데 종합소득세는 개인이 지난해 1년간 모든 경제활동으로 얻은 소득에 대해 신고하는 세금으로, 전체 소득을 합산해 계산된다. 이렇게 계산된 세금은

'종합소득세'라고 해 매년 5월에 신고 및 납부를 해야 한다. 다만 다른 소득 없이 근로소득만 있는 사람은 보통의 경우 연말정산으로 종결할 수 있으며 2,000만 원 이하 이자, 배당소득, 연 300만 원 이하의 기타소득금액 등과 양도소득, 퇴직소득은 종합소득세에 합산해 신고하지 않는다.

② 종합소득세를 신고해야 하는 소득

가. 이자소득

금융기관에 예금을 예치하여 받는 소득을 이자소득이라 한다.

나. 배당소득

주식 등에 투자하여 연말에 받는 소득을 배당소득이라 한다.

다. 사업소득

모든 사업자들이 벌어들이는 소득은 사업소득이다.

라. 근로소득

평범한 직장인들이 직장에서 일하는 대가의 소득이 바로 근로소득이다.

마. 연금소득

국민연금을 비롯한 연금형태의 소득이 바로 연금소득이다.

바. 퇴직소득

한 사업장에 1년 이상 소속되어 근무한 근로자가 퇴직 시 받게 되는 퇴직금을 퇴직소득이라 한다.

사. 양도소득

양도금액에서 취득가액과 취득세, 부동산 등의 가치를 증대시키기 위해 투자한 금액(자본적 지출액) 등의 필요경비를 뺀 차익에 대해 과세하는 세금이다.

아. 기타소득

학술원상, 예술원상, 노벨상, 올림픽 및 아시안게임 메달, 범죄자 검거에 기여한 공로로 받는 현상금 등

자. 주택임대소득

주택을 임대하면서 소득이 발생하는 경우 사업소득으로 종합소득세 과세 대상이 된다. 고가주택(기준시가 9억 원 초과)이 아닌 1주택자의 임대소득이 2천만 원 이하, 고가주택이라도 임대소득이 2천만 원 이하인 경우 비과세로 근로소득 연말정산이 완료되었다면 종합소득세를 신고하지 않아도 된다.

③ 종합소득세 계산구조와 세율

종합소득세는 소득별 소득금액을 합산한 후 소득공제 등을 빼고 세율을 적용해 산출한다.

가. 장부를 기장하는 사업자

소득금액=총수입금액(매출)−필요경비

나. 장부를 기장하지 않는 사업자

ⓐ 기준경비율 대상자 소득금액=수입금액−주요경비−(수입금액×기준경비율)

ⓑ 단순경비율 대상자 소득금액=수입금액−(수입금액×단순경비율)

■ 종합소득세율

과세표준	세율	누진공제
1,200만 원 이하	6%	−
1,200만 원 초과 4,600만 원 이하	15%	108만 원
4,600만 원 초과 8,800만 원 이하	24%	522만 원
8,800만 원 초과 1억5,000만 원 이하	35%	1,490만 원
1억5,000만 원 초과	38%	1,940만 원
5억 원 초과	40%	1억5,240만 원

④ 종합소득세 절세방법

가. 지출에 대한 증빙은 반드시 챙기자.

실제 지출을 했는데도 증빙이 없어 비용으로 인정받지 못하는 경우가 비일비재하다. 비용으로 인정받지 못하면 내야 할 세금이 많아지게 되는 것은 당연하다.

나. 거래대금은 금융거래를 이용하자.

간혹 거래사실을 입증해야 할 때가 있다. 이때 가장 좋은 방법이 바로 금융거래 자료다.

다. 사업용 계좌를 꼭 기억하자.

라. 사업용 계좌 의무 개설 대상자의 경우 사업용 계좌를 사용하지 않고 지출하게 되면 불필요한 가산세 등의 불이익을 받게 되므로 주의한다.

마. 소득공제와 세액공제는 빠짐없이 챙겨 받자.

바. 근로소득자가 연말정산 때 받을 수 있는 항목보다는 수가 적지

■ 종합소득세 신고시 주요 공제 혜택

항목	구분	혜택
소득공제	기본공제	본인을 포함한 부양가족 1인당 150만 원 공제
	추가공제	경로우대공제, 장애인공제, 부녀자공제, 한부모공제
	연금보험료공제	국민연금보험료 등
	기타	투자조합출자, 소상공인 공제부금(노란우산공제 등)
세액공제	자녀세액공제	1명: 15만 원, 2명: 30만 원, 3명 이상: 2명 초과 1명당 30만 원
	연금계좌세액공제	400만 원 한도(종합소득금액 1억 원 초과 300만 원)
	기부세액공제	정치, 법정기부금, 종교단체기부금 등

• 종합소득에 근로소득이 있는 자는 근로소득자 대상 공제혜택을 추가로 받을 수 있음

만, 사업자도 종합소득세 신고 시 공제받는 항목이 있다. 예를 들어 근로소득이 없는 사업자의 경우 의료비공제나 교육비공제 같은 세액공제는 받을 수 없지만, 성실신고확인 대상 사업자는 의료비세액 공제와 교육비세액공제를 근로소득자와 같은 수준으로 받을 수 있으니 꼭 알아두자.

사. 내가 받을 수 있는 세금 혜택을 찾아보자.

세법은 여러 정책 목적상 지원 제도를 두고 있다. 중소기업에 대한 혜택이나 고용증대를 위한 혜택 또는, 상황에 따라 징수를 유예하거나 납기를 연장받을 수 있는 제도들이 있으니 내가 처한 상황에 맞게 혜택을 찾아볼 필요가 있다.

수익형 꼬마빌딩을 구입할 때 대략적으로 분석하는 것이 투자수익률인데 여기에는 해당 부동산을 보유함으로써 부과되는 세금이 있다는 것을 간과해서는 안 된다. 재산세, 종합소득세 등의 보유세에 대해서도 보수적으로 수익률을 계산하여 접근할 필요가 있다.

06

공실 관리는 이렇게 하자

전북 익산에서 치과병원을 운영 중인 이성진(48세) 씨는 그동안 상당한 자금을 꾸준히 모아두고 있었다. 그런데 은행에 넣어두자니 워낙에 낮은 금리라서 손해 본다는 느낌을 지울 수 없었다. 고심 끝에 서울 대학가의 원룸빌딩을 매수하기로 결정했다. 휴진하는 날 서울시 노원구 월계동 광운대학교 앞 다세대건물을 직접 탐사하고 전문가의 의견까지 참고하여 임대사업자 반열에 올라섰다. 당초에 매수를 결정하기 전부터 고민해오던 부분은 공실을 비롯한 건물관리를 어떻게 할 것인가였다. 아니나 다를까 우려는 현실이 되었다. 한동안 임대료가 잘 들어왔으나 점점 관리가 잘 안 되더니 공실이 발생하고, 심지어 하자보수문제까지 발생해서 여간 골머리를 썩는 것이 아니다. 수익형부동산에서 공실은 수익률에 지대한 영향을 미칠 수밖에 없다. 반드시 공실과의 전쟁

■ 공실관리 전략

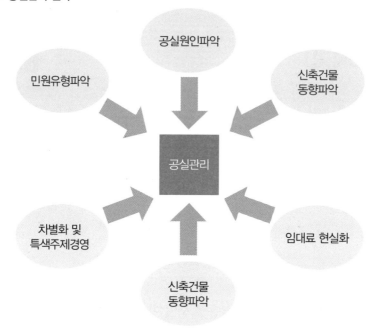

에서 이겨내야만 한다. 그래서 이 씨는 공실을 어떻게 하면 줄일까 하는 고민을 하기 시작하고, 관리회사까지 문을 두드리게 되었다.

임대사업을 하다 보면 고민이 되는 부분이 여러 가지 있겠지만 그중에서도 가장 골치 아픈 것이 바로 공실관리일 것이다. 공실을 얼마나 줄이는지가 임대사업의 핵심이다. 공실을 효율적으로 관리하기 위해서는 어떻게 해야 할까?

1) 공실의 원인을 분석하라

원인 없는 결과는 없다는 말이 있다. 공실도 원인이 있으니 생기는 것이다. 명확하게 어떤 원인인지부터 파악하는 것이 좋다. 무작정 가격을 내리거나 시설을 더 업그레이드 한다고 해봤자 다른 이유에서 공실의 이유가 있다면 헛수고가 될 수 있다. 우선적으로 다른 비슷한 상권과의 비교를 통해 원인을 분석해야 한다.

2) 기존 임차인들의 민원유형을 살펴라

이 문제를 해결하다 보면 부동산 공실을 관리하는 역할도 수행하게 되지만, 기존 임차인들이 빠져나가 공실이 되는 원인도 파악하여 방지할 수 있게 된다. 어떠한 애로사항이 있는지, 어떤 개선사항을 원하는지를 정확히 파악하여 그에 해당하는 조건을 들어준다면 공실이 발생할 일은 없을 것이다. 더불어 해당 내용이 업그레이드 된다면 당연히 기존에 있던 공실도 금방 나가게 될 것이다.

3) 주변 신축건물의 추이를 파악하라

공실이 늘어났다면 주변 상권 및 신축 건물을 신경 써야 한다. 아무래도 오래된 맛집 같은 것과는 다른 임대사업이기 때문에, 예전 건물보다는 새롭게 지어진 건물이 더욱 사람들의 이목을 끌기 좋다. 그렇기 때문에 주변에 신축건물이 많이 생겼는지를 살펴보고, 신축건물이 많이 생겼다면 리모델링을 하는 식으로 업그레이드를 해야 한다.

4) 내부 인테리어에 인색하지 말자

세입자가 대부분의 시간을 보내는 공간인데 소음에 시달리고, 인테리어는 정이 안 가고, 벽지에는 오염물이 덕지덕지 붙어 있다면 당장은 저렴한 임대료 때문에 들어왔다고 해도 금방 나갈 확률이 높아진다. 실제 공실이 자주 발생하는 곳을 보면 내부 인테리어와 시설에 신경을 안 쓰는 경우가 많다. 초기 투자비가 들더라도, 옵션 및 내부 인테리어는 깔끔하게 유지하는 것이 좋다. 또한 소음에 대한 문의가 자주 들어오는 방이라면 방음 관련 처리도 확실히 하자.

5) 현실성 있는 임대가격을 제시하자

공실이 발생한다고 해서 무조건 임대료만 낮춘다고 능사는 아니다. 수익성에 결정적인 영향을 미치기 때문이다. 따라서 주변시세를 확인하고 시세 탄력성에 맞게 낮추거나, 높게 책정하되 내부 인테리어, 옵션 등을 업그레이드 하여 그 장점을 임차인들에게 어필하는 것이 좋다.

6) 차별화로 승부하자

워낙 경쟁이 치열한 세상 임차인들의 눈높이도 상당히 높아졌다. 고객 눈높이에 맞춰 고객이 된 임차인을 오랫동안 붙잡고 있어야 유리하다. 때문에 이사나 청소, 세탁, 택배수령 등의 서비스를 제공하여 임차인의 만족도를 높여줘야 한다.

7) 특색 있는 주제로 운영하자

특색 있는 주제로 운영하는 것도 공실을 줄일 수 있는 요령이다. 예를 들면 애완동물을 키울 수 있는 원룸, 애완견주끼리 커뮤니티 모임을 할 수 있는 원룸, 1인 텃밭을 제공해주는 원룸 등의 특색을 갖춘다면 차별화된 경쟁력을 가질 수 있다.

key point

아무리 좋은 입지이고 차별화된 물건이라 할지라도 공실관리가 제대로 되지 않는 수익형부동산은 아무런 소용이 없다. 다시 말해 안 가지고 있느니만 못하다는 것이다. 공실은 수익률을 내는 데 가장 큰 적이다. 공실관리는 수익형부동산 관리에서 최고항목이라는 점을 명심해야 한다.

07

노후된 꼬마빌딩
리모델링으로 건물가치 높이기

　서울시 성북구 정릉동에 거주하는 조현진(53세) 씨는 지난해 꼬마빌딩을 매수하려고 여기저기 임장활동을 왕성하게 했다. 그런데 마음에 드는 물건은 가격대가 워낙에 비싸서 엄두를 낼 수가 없었다. 그래서 방향을 바꿔 허름한 상가주택을 매입해서 리모델링을 한 다음 자본이득을 얻으려고 한다. 아무리 리모델링을 해서 수익을 얻고자 한다 할지라도 기본적으로 입지여건을 따지는 것은 당연하다. 그래서 아직은 투자자들의 관심이 덜한 서울 중랑구 면목동 4차선 도로변 횡단보도 앞에 있는 건축된 지 28년이 된 대지면적 157㎡ 상가주택을 12억 원에 매수했다.

　이 건물은 지하 1층, 지상 5층으로 구성되어 있는데 지하는 창고, 1층은 부동산과 호프집, 2층은 사무실, 3~4층은 학원, 5층은 원룸주택으로

리모델링으로 재탄생한 꼬마빌딩

리모델링을 했다. 이를 통해 조 씨는 매월 700만 원의 임대수익을 실현하고 있다. 총투자비용은 임대보증금을 제외하고 약 10억 원이었으며 리모델링 비용을 추가하면 11억 원이다. 연 수익률은 약 7.6%로 양호한 편이다. 이러한 리모델링을 통해 조 씨는 건물의 자본이득을 실현할 수 있는 토대를 마련했고, 현재 시세는 약 18억 원 정도 정도로 투자에 성공한 것으로 분석된다. 양도세를 감안해도 약 4억 원의 시세차익을 볼 수 있다는 계산이 나온다.

한동안 부동산시장에서 리모델링은 찬밥 신세였다. 재건축 못지않은 공사비를 들여 리모델링을 해봤자 별로 돈 될 게 없다는 판단에서다. 리모델링 규제도 수두룩해 '차라리 몇 년 더 기다려 재건축하면 주거 개선 효과가 훨씬 클 것'이란 분석이 많았다.

하지만 최근 들어 분위기가 달라졌다. 정부나 서울시가 아파트 리모델링 규제를 대거 풀면서 단지마다 이해득실을 따져보기 위해 발 빠르게 계산기를 두드리고 있다. 아파트뿐 아니라 상가주택, 꼬마빌딩 시장에서도 리모델링 열풍이 뜨겁다. 낡은 건물을 새 건물로 리모델링해 우량 임차인을 유치하는 사례가 부쩍 늘었다. 덩달아 건물 가치도 높아져 적잖은 임대수익, 시세차익을 기대하는 모습이다. 리모델링을 활용하면 매달 고정적인 임대수익을 올릴 뿐 아니라 시세차익도 기대할 수 있어 임대수익과 시세차익의 두 마리 토끼를 잡을 수 있는 것이다. 방법은 간단하다. 일단 준공한 지 20년 이상 된 노후 상가빌딩이나 오래된 주택을 매입한다. 건물을 그대로 쓰면 임대를 놓거나 본인이 거주하기 불편하기 때문에 리모델링을 활용해 건물 가치를 높인다.

리모델링을 하면 우량 임차인을 들여 월세를 높일 수 있는 것도 장점이다. 은퇴를 앞두거나 이미 은퇴한 사람은 물론, 40대 이하 젊은 자산가 사이에서도 리모델링을 활용한 투자는 인기다. 투자금이 10억 원 미만이라면 단독주택을, 그 이상이면 조그만 상가건물을 여겨볼 만하다. 리모델링을 활용하면 비용을 최소화하면서도 수익률을 높일 수 있다. 저평가된 상가나 단독주택을 매입한 뒤 리모델링을 통해 건물 가치를 높이는 자산가가 늘고 있다.

소규모 건물 리모델링은 재건축과 비교해도 효과가 크다. 신축 건물을 짓거나 재건축하는 것에 비해 시간, 비용을 동시에 절약할 수 있는 덕분이다. 게다가 재건축의 경우 임차인을 모두 내보내야 한다는 점이 부담스럽다. 반면 리모델링은 층별로 가능하기 때문에 공사 기간 동안 공실 부담을 줄일 수 있다.

리모델링을 위한 건물을 매입할 때 가장 먼저 고려할 요소는 '입지'다. 되도록 본인이 잘 알고 있거나 거주하고 싶은 곳으로 잡는 것이 좋다. 아직 상권이 제대로 형성되지 않은 지역은 위험 부담이 크다. 유동인구가 어느 정도 확보돼 임대를 놓는 데 어려움이 없는 물건을 찾아야 한다. 건물이 오래됐다는 이유로 시세보다 저렴하게 나왔다면 더할 나위 없이 좋다.

임대수익을 높이려면 우량 임차인을 발굴하는 것도 중요하다. 철저한 상권분석을 통해 유명 프랜차이즈 점포나 편의점 등 우량 임차인을 유치할 수 있을지부터 검토해야 한다. '건물을 새롭게 수리하면 당연히 임차인이 들어오겠지'라는 안일한 생각은 위험하다. 건물이 새 옷을 입었다고 해도 1층에 허접한 점포가 있는 것과 번듯한 편의점이나 프랜차이즈 매장이 있는 것은 천지 차이다. 적정 임대료를 산정하고 인근 공인중개업소를 통해 임차 가능성을 미리 따져봐야 한다. 프랜차이즈 개발팀에 직접 연락해 건물을 홍보하거나 주변 지인을 통해 리모델링 전에 미리 우량 임차인을 유치하는 것도 좋은 방법이다.

낡은 건물 리모델링 절차에 대하여 알아보자.

1) 계획단계

리모델링을 하려는 건축물의 사용 목적을 확실하게 정하고 건물의 노후도 점검과 상권 등 주변 여건을 파악해 투자여건이 확실할 때 구체적인 계획을 수립한다.

① 개발목적, 필요성 인식

② 상권분석, 입지조건 파악 등

2) 전문회사 상담

계획단계에서 조사·검토한 자료와 건축물에 관련된 서류 일체(토지이용계획확인서, 건축물대장, 신축당시 도면, 실내외 사진 등)을 지참하여 상담하고 효용가치를 극대화하는 방안을 강구한다.

① 타당성 검토

② 소요자금 추정 및 자금조달 계획

3) 기본설계와 견적서 검토

기존 건물의 안전도를 최대한 살리고 리노베이션 비용을 최소화하는데 주력해야 한다. 건축물 변경신고를 위해 반드시 기본 설계도를 첨부해 행정 담당부서를 방문해야 한다.

① 가설계, 견적서 산출

② 투시도 등 사전 검토

4) 공사 계약 체결

리모델링을 생각했다면 가장 먼저 제대로 된 업체를 선정하는 것이 관건이다. 만약 첫 단추인 업체 선정부터 잘못된다면 마지막까지 수많은 암초와의 전쟁이 될 수밖에 없을 것이다. 보통 인터넷상 리모델링 업체의 포트폴리오 사진만 보고 결정하는 건물주가 많은데 이는 위험한 일이 아닐 수 없다. 사실 시공 후 1년 정도 A/S를 믿고 맡길 수 있는지 잘 확인해봐야 한다. 이를 위해 각 업체 블로그의 후기를 참조하되, 광고성 글들은 잘 걸러내야 한다. 반드시 철저한 공사 이행과 사후관리를 보장받을 수 있는 업체를 선정하는 것이 유리하다. 특히 공사 지연, 자재선택 등 공사진행 과정에서 발생할 수 있는 계약 당사자 간의 책임 소재를 명확히 해두는 것이 중요하다.

① 공사 일정표 작성

② 사후 관리방안 협의

5) 건축 신고 또는 허가

리모델링 범위 및 규모에 따라 동사무소에 신고하거나 해당 관할 시·군·구청에 허가를 얻어야 한다. 특히 용도변경의 경우에는 용도변경 절차가 추가된다.

① 구비서류 : 변경허가서, 등기부등본, 평면도, 배치도

6) 착공

공사 일정표에 따라 진행되는지 확인하고 지연 시 원인을 파악하여 조치한다. 그리고 건물의 구조안전진단으로 필요시 반드시 구조 보강을 해야 한다.

key point

꼬마빌딩 매수의 또 다른 방법으로 허름한 빌딩을 저렴하는 것이다. 구입 후 리모델링을 통한 재임대와 더불어 재산적 가치 증진은 또 다른 부동산투자의 매력을 배가시켜줄 것으로 확신한다.

탁월한 입지 선정과 투자 흐름으로 매입한 꼬마빌딩

"오래된 건물이라도 입지만 좋으면 황금 낳는 닭이 될 수 있다"

서울시 광진구 화양동에서 오랫동안 건국대와 세종대 학생들을 주요 고객층으로 음식점을 운영해오던 김동혁(37세) 씨는 이제는 경쟁업체도 많이 생기고 매출 이익률도 줄어들어 사업 환경이 점점 어려워지고 있음을 알게 되었다. 그동안 모아둔 종잣돈으로 임대사업을 하고자 여러 지역을 알아봤지만 이곳 건대입구 상권이 그래도 본인이 제일 잘 알고 발전가능성도 높은 것 같아 큰마음 먹고 매매계약서에 도장을 날인하게 되었다. 2호선과 7호선 환승역인 건대입구역에서는 조금 거리가 떨어져 있기는 하지만 충분히 사람들의 발걸음이 닿을 만하고 화양사거리를 통해서 강남북을 연결하는 동일로로 진입할 수 있어 입지면에서도 좋아서 결정한 것이다.

건물은 코너에 입지하여 가시성이 뛰어나다. 당장은 여유자금이 많지는 않아서 건물을 신축할 생각은 없지만 장기적으로 건물을 상가주택으로 신축할 계획이 있다. 1층은 상가로, 2층은 사무실, 나머지 층은 원룸으로 수익률을 높이려는 계획이다. 친구들에게 꼬마빌딩 하나 장만했다고 자랑했더니 다들 좋다고 한다. 그만큼 수요층 배후지가 좋다는 것이다.

김 씨의 성공 포인트를 요약하면 다음과 같다.

1) 탁월한 입지선정

입지는 부동산투자에서 가장 중요한 투자의사 결정요인이다. 여기서 투자승패는 결정된다고 볼 수 있기에 사전에 철저한 답사와 분석이 필요하다.

건대입구 상권은 젊은이들의 모이는 대표 상권이고, 2호선과 7호선의 환승역은 서울 어느 곳이라도 쉽게 갈 수 있는 교통의 요지이다. 이곳은 상가 또는 주택 임대수요가 아주 풍부하다.

2) 부동산투자 패러다임 적응

그동안 부동산투자라 하면 몇 년씩 묻어두는 투자 형태만 생각했는데 최근 저금리의 영향으로 차익형보다는 수익형에 더 많은 관심을 보이고 있는 것이 사실이다. 김 씨는 이러한 투자흐름을 정확히 알고 과

■ 김동혁 씨의 꼬마빌딩 성공 포인트

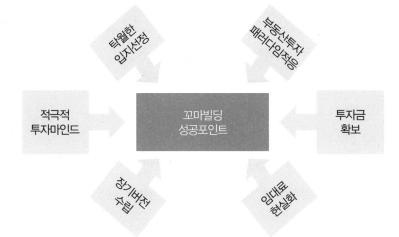

감하게 투자의사를 결정했다.

3) 투자금 확보

아무리 좋은 물건이 내 눈앞에 어른거려도 주머니에 돈이 없으면 팥소 없는 찐빵과 같다. 부동산투자는 자금이 많이 들어가는 투자다. 그러기에 일반수요가 아니라 유효수요라 한다.

유효수요는 투자의사와 더불어 실제 투자할 수 있는 자금력을 갖춘 수요이다. 김 씨는 언젠가 반드시 임대수익을 실현할 수 있는 꼬마빌딩을 매수하겠다는 굳은 의지를 가지고 살아오면서 종잣돈을 모아왔던 것이다.

4) 장기비전 수립

김 씨는 해당 물건은 준공된 지 오래되어 신축을 통한 임대수익의 극대화가 필요한 물건이라는 것을 누구보다도 잘 알고 있었다. 그는 주변 상가와 주택의 매매가와 임대시세를 꾸준히 모니터링을 해왔다. 그 정보를 바탕으로 신축했을 때 임대수익의 변화를 분석해보고 신축비용까지 계산했다. 이미 설계사무소에서 가설계도면을 확보해둔 상태이다. 이처럼 건물의 상태에 따라 신축 또는 리모델링을 통해서 임대수익을 조금이라도 더 실현할 수 있고 나아가 자본이득을 취할 수 있다면 금상첨화다.

5) 임대료 현실화

건물매수 당시에 해당 임대료는 형편없었다. 하지만 건물매수 후 세입자와 협의하여 임대료 조정과 신규 세입자의 확보로 수익률 제고에 기여할 수 있게 되었다. 매수 당시 임대료가 월 630만 원이었던 것이 매수 6개월이 지난 후 약 800만 원 정도로 상승했다.

6) 적극적 투자마인드

김 씨는 원래 성격이 내성적인데 부동산투자에서만큼은 적극적으로 움직인다. 물건을 보면 그냥 넘어가지 않고 하나하나 세심하게 분석해보고 본인의 자금으로 매수가 가능한지 스스로 분석해보고 부동산 전

김 씨의 물건지 위치도

문가와도 긴밀한 유대관계도 갖는다. 그는 하늘은 스스로 돕는 자를 돕는다는 격언을 실천하는 마인드를 지녔다.

다음은 김 씨가 투자한 물건내역이다.

−대상지 분석

1) 소재지: 서울시 광진구 화양동 00−00

2) 대상지 현황

① 지목: 대

② 면적: 대지 187.8㎡(56.8평)/ 건물 543.26㎡(164.3평)

③ 용도지역: 도시지역, 제2종일반상업지역

④ 건축규모: 지하 1층~지상 5층, 1992년 준공, 주차 5대

⑤ 구조: 철근콘크리트, 근린생활시설

⑥ 공시지가: ㎡당 4,867,000원(평당 16,089,328원)

⑦ 접면도로: 남측 10미터×서측 6미터 도로에 접합

⑧ 현이용상태: 근린생활시설

3) 매매가: 28억4천만 원

4) 보증금: 2억3600만 원/ 월 임대료 630만 원(부가세 별도)

5) 예상대출금: 15억 원

6) 실투자금액: 11억400만 원

7) 연임대수익률(은행이자율3.5% 가정 시): 연 3.37%

8) 일반건축물대장현황 및 임대차 현황: 보증금/ 월 임대료

9) 입지분석

서울시 광진구 화양동은 건국대와 세종대학교가 바로 인접해 있는 대표적인 대학가 상권으로 분류된다. 본 물건지는 화양동 먹자골목의

중심지에서 화양사거리 방향 쪽에 위치하고 있으며, 향후 지가상승을 통한 차익형이나 수익형부동산으로서의 가치를 충분히 내재하고 있다. 지하철 7호선과 2호선이 환승역인 건대입구역이 도보로 10분 거리에 위치하고 있으며 강남으로의 이동이 쉽고, 영동대교를 통한 승용차를 이용한 접근성도 뛰어나다. 강북으로의 접근성도 아주 양호하다.

본 물건은 제2종일반주거지역에 속하는 물건으로 건대입구 먹자골목의 메인 통로에 위치하여 시세 상승가능성과 임대료 상승 가능성이 아주 높다. 특히 건대 상권은 건국대와 세종대 학생들을 비롯한 젊은 층들의 수요층이 아주 풍부하여 상가의 경우 공실이 제로상태이며 권리금 또한 1층 기준으로 3억 원 이상 형성되어 있다.

또한 인근 성수동 개발에 따른 후광효과로 개발압력이 거세게 밀려드는 지역으로 지가상승이 꾸준히 이어지고 있으며, 신축건물들이 들어서는 속도가 아주 빠르게 진행되고 있는 실정이다.

10) 투자 포인트
- 건대 상권으로 대한민국 대표 상권의 급매물
- 지하철 2호선과 7호선 건대입구역에서 도보 10분 거리로 수요층 접근성 용이
- 현재 2종일반주거지역으로 남측과 서측의 도로와 접하고 있어 가시성 용이
- 현재 임대료가 주변 상가에 비해 저렴해 향후 임대료 조정 시 수익률 향상

'건대맛의 거리' 모습

−공실이 전혀 없는 건물로 안정적인 임대수익실현 가능

−강남과 강북 접근성 용이(청담대교, 영동대교, 동일로)

11) 물건지 사진

물건지 사진

5
chapter

꼬마빌딩이 돈 되게 만드는

관리 노하우 2

구청에서 날아온
위반건축물 철거요청, 어떻게 하나?

　서울 송파구 마천동에 거주하는 하점수(53세) 씨는 최근 서울시 송파동의 대지 165㎡ 다세대 건물을 25억 원에 매수했는데 계약 당시에는 전혀 언급이 없었던 위반건축물 철거요청이라는 통지서가 날아들었다. 하 씨는 이것을 어떻게 해야 하는지 고민이 아닐 수 없다. 매도인은 매매 당시 이를 숨기고 계약한 것이 분명했다. 그는 물건을 계약을 해준 부동산중개업소를 찾아가 항의해봤지만 결국 법적 책임은 하 씨에게 있었다.

　통상적으로 위반건축물에 대하여 강제 철거명령을 내린다고 해도 곧바로 철거로 이행되지는 않는 것이 일반적이다. 강제이행금이라는 벌금을 5번 정도 납부하게 되면 양성화되는 경우도 있다. 물론 이행강제금을 5번 납부했다고 할지라도 위반건축물 대상물건이 전부 양성화되

베란다를 확장한 위반건축물의 모습

는 것은 아니다. 하 씨가 여기저기서 주워들은 이야기로는 위반건축물 이행강제금 납부금액보다도 임대수익금이 더 크면 손해 볼 것은 없다고 하는데, 어쨌든 근본적으로 마음이 편하지 못한 것이 사실이다. 철거를 할 것인가 아니면 이행강제금을 납부하고서라도 임대수익이 크다면 그대로 가지고 갈 것인가 하 씨는 고민했다. 결국 임대수익금액의 합계가 이행강제금 납부액보다 더 크기에 마음은 편하지 않지만 그대로 밀고 나가기로 했다. 이참에 호되게 당한 하 씨는 이제 위반건축물이 주는 의미가 무엇인지 어떻게 대처해야 하는지를 알게 되었고 이에 대한 자세한 공부를 시작하기로 했다.

1) 위반건축물의 정의

위반건축물이란 말 그대로 건축기준법 등에 위반하는 건축물을 총칭한다. 정의는 일단 별다른 것이 없다. 건축법으로 정한 기준을 지키지 못한 건축물이 바로 위반건축물이다.

2) 위반 건축물 구별법

일반인들이 위반건축물에 대해 신경 쓰지 않고 건물을 볼 경우 제대로 구별하기가 어렵다. 손쉽게 위반 건축물을 구별하는 방법을 알아보기로 하자.

① 건축물 대장상과 전용면적과 실면적의 차이점 확인

-거실 베란다 확장 또는 공부상보다 실 면적이 넓을 경우

-공부상 구조와 실제 구조가 상이할 경우(예: 공부상=원룸형, 실제=투룸 등)

-공부상 용도와 실제 용도가 상이할 경우(예: 공부상=근린생활시설, 실제=주거용)

-공부상 주차대수와 실제 주차대수가 상이할 경우

-공부상 가구 수와 실제 가구 수가 상이할 경우

-공부상 복층이 없는데 실제로 복층이 존재하는 경우

② 건물 외관상 테라스 판넬 설치여부 확인

한눈에 봐도 알 수 있는 베란다 불법확장의 사례

위의 사진을 보면 색상이 다른 테라스 판넬로 불법적으로 확장된 베란다를 볼 수 있다. 이는 이행강제금이 부과되는 불법건축물로 등재된다.

③ 건축물대장 상단 부분 위반건축물 표기여부 확인

집합건축물대장(표제부,갑)			위반건축물	
1156010400-3-000	민원24접수번호	20140930 - 752	명칭 영등포 ****	호수
서울특별시 영등포구 영등포동3가	지번		도로명주소	서울특별시 영등
연면적 2,894.7 ㎡	34,466,717 ㎡	※지역 일반상업지역 외 1	※지구 중심지미관지구	※구역
용적률산정용연면적 1,711.17 ㎡	23,065.6 ㎡	주구조 철골철근콘크리트구조,철근콘크리트 구조	주용도 판매시설,업무시설,근린생활시설	총수 지하

위반건출물이 표기된 건축물대장

위반건축물이 있는지 확인하는 가장 손쉬운 방법은 해당 물건지 주소지를 정확히 알고 건축물대장을 열람하는 것이다. 위반 건축물이라면 노란색 바탕 위에 선명하게 위반건축물이라고 표기되어 있다(수록된 사진에는 파란색으로 표시).

3) 이행강제금

의무자 자신에 의하지 않으면 이행될 수 없는 의무 및 금지된 행위를 하지 말아야 할 의무를 불이행하는 경우 그 의무를 강제적으로 이행시키기 위해서 일정한 기간 안에 의무이행이 없을 때는 일정한 금전제재에 처할 것을 계고한다. 그 기간 안에 이행이 없는 경우에는 금전적 제재를 가하는 것이 있는데, 이때의 금전적 제재를 이행강제금이라 한다. 위반건축물 단속으로 시정명령을 받은 후 시정기간 내에 시정명령을 이행하지 않은 자에게 부과하는 것으로 건축법에서는 1년에 2회 이내, 농지법에서는 1년에 1회 부과 또는 징수할 수 있다. 이행강제금의 부과 횟수는 1년에 2회 이내에서 시정 시까지 지속적으로 부과하되, 시정명령을 이행한 경우 이행강제금 부과는 중지하되, 이미 부과된 이행강제금은 납무 의무가 있다.

4) 이행강제금 계산법

위반면적 × 건물과세시가 × 요율(무단증축 50/100)

5) 건물주 입장에서의 대응방안

건물주 입장에서는 증축 등을 통해 보다 더 높은 임대수익을 실현하고자 할 것이다. 그런데 법을 위반한 건축물에 대해서는 반드시 원상회복이라는 철거명령을 내리고, 그 시정이 안 될 경우 이행강제금을 부과하게 된다. 그런데 철거명령을 내린다고 해서 전부 철거하라는 의미는 아니다. 실제로 현실적인 주택시장은 위반건축물이 상당히 포진되어 있으며 이행강제금을 5번 정도 납부하고 합법화되는 경우도 많다. 물론 근린생활시설인 경우에는 합법화가 쉽지는 않다.

결국 증축 등을 통해 확장된 효과로 임대수익이 더 많이 발생한 금액

■ **불법건축물 이행강제금 이해하기**

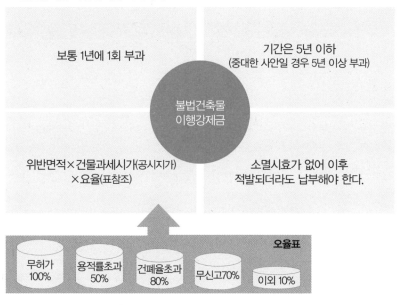

이 이행강제금보다 많으면 건물주 입장에서는 기꺼이 이행강제금을 납부하고서라도 위반건축물을 설치할 것이다.

key point

위반건축물, 말만 들어도 잘못된 건축물임을 직감할 수 있다. 이에 따르는 이행강제금은 일반인들이 감당하기에는 벅차다. 하지만 이행강제금을 내고서라도 그에 따르는 임대수익이 크다면 고려해볼 수도 있는 사항이다. 일정기간 이행강제금을 납부하고서라도 양성화가 될 수 있는지도 체크해봐야 할 것이다.

02

주차장법 위반 통보,
어떻게 해야 하나?

서울시 강서구 화곡동에 거주하는 유연수(50세) 씨는 편의점을 몇 년째 운영해왔다. 어느 날 한 손님이 상가 옆 공터에 의자 몇 개 내놓으면 음료수 손님이라도 더 늘지 않겠느냐고 했다. 유 씨는 조언을 듣고는 매대와 간이탁자 두세 개를 내놓았다. 그 덕분인지 얼마간 매출이 살짝 느는 것도 같았다. 그런데 며칠 지나지 않아 구청에서 주차장법 위반이라며 통고가 왔다. 부랴부랴 토지이용계획 확인을 해보니 공터 대지가 옆 건물의 주차장이었다는 사실을 알게 되었다. 즉 주차장 용지로 되어 있어 타 용도로 사용이 금지된다는 것을 알고 누군가 민원을 넣었던 것이다. 유 씨는 아쉽기는 하지만 곧 철거해야 했다.

건축물의 용도변경은 구청의 허가를 받거나 신고를 해야 하며(건축법 제19조), 건축물의 부설주차장은 주차장 외의 용도로는 사용할 수 없다

(주차장법 제19조의4).

위의 사례는 주차장을 본 용도로 사용하지 많고 상업목적을 위한 것으로 사용한 것에 대한 위반이다. 주차장 용도를 아예 다른 시설물로 신축하는 경우도 있다. 이 또한 불법건축물에 해당되어 철거명령과 함께 이행강제금이 부과될 수 있다.

어느 건축물이든 법정 주차대수라는 것이 있다. 법으로 규정된 주차대수를 말하는 것으로 주택가의 심한 주차난을 해소하고 시비거리를 사전에 예방하기 위해 건축허가단계에서 법정 주차대수를 정하고 그에 맞는 건축허가를 내준다.

대부분 일반인들은 법정 주차대수에 대해 별 관심도 없고, 알려고 하지도 않는다. 하지만 건물을 신축하거나 건물을 매수하고자 할 때 법정 주차대수와 주차장법을 위반하여 타 용도로 용도전환하여 사용하고 있는 것은 아닌지 세심하게 살펴보아야 한다.

건물 신축 시 또는 용도변경 시 반드시 체크해야 하는 법정 주차대수에 대해서 알아보자. 법정 주차대수는 지방자치단체의 조례에 따른 부설주차장의 설치대상 시설물 종류 및 설치기준에 따라 산정한다. 건축법상 각각의 건축물마다 전체 연면적당 주차장 설치규정이 다르므로, 용도변경 또는 증축 시 법정 주차대수를 추가로 확보해야 할 경우 그 산정기준과 방법에 대해 확실히 알아두는 것이 매우 중요하다.

법정 주차대수에 대한 규정은 지방자치단체마다 따로 정하고 있으므

■ 서울시 기준 신축건물 공사 시 법정 주차장 설치 면적규정

구분	서울시 조례	구분	서울시 조례
단독 주택	시설면적 50~150㎡: 1대 시설면적150㎡ 초과하는 경우 100㎡당1대+@[1+(시설면적~150㎡)/100㎡]	위락 시설	시설면적 67㎡당 1대
다가구주택 공동주택 오피스텔	주택건설기준 등에 관한 규정 제27조에 따름 전용면적 30㎡ 이하: 세대당 0.5대 전용면적 30㎡ 초과 60㎡ 이하: 세대당 0.8대 전용면적 60㎡ 초과: 세대당 1대	판매시설 의료시설 운동시설 방송통신시설	시설면적 100㎡당 1대
골프장	1홀당 10대	업무시설	일반업무시설: 시설면적 100㎡당 1대 공공업무시설: 시설면적 100㎡당 1대
골프연습장	1타석당 1대	제1종, 제2종 근린생활시설	시설면적 134㎡당 1대
관람장	정원 100인당 1대	숙박시설	시설면적 134㎡당 1대
수련시설	시설면적 233㎡당 1대	창고시설	시설면적 267㎡당 1대
옥외수영장	정원 15인당 1대	그 밖의 건축물	대학기숙사: 시설면적 400㎡당 1대 대학기숙사를 제외한 그 밖의 건축물: 시설면적 200㎡당 1대

로 해당 시·군 조례를 반드시 확인해야 한다.

위에서 서울시 조례에 따른 법정주차대수를 알아보았는데 다른 용도가 복합된 경우 주차대수는 어떻게 산정할까 고민이 아닐 수 없다. 다른 용도가 복합된 경우 주차대수 산정방법은 아래와 같다(단, 다가구주택은 제외).

첫째, 각 시설물별 설치기준에 따라 산정한다.

둘째, 소수점 이하 첫째자리까지만 합산한다.(예: 단독주택 2.35대와 근린생활시설 3.35대, 2.3+3.3=4.6, 총 5대)

셋째, 소수점 이하의 수가 0.5 이하인 경우는 0대로 하며 0.5 이상인 경우는 1대로 한다.(예: 3.4대→총 3대, 3.5→총 4대)

넷째, 산정한 총주차대수가 1대 미만인 경우는 0대로 한다(단, 공동주택 제외).(예: 0.9대→총 0대)

용도변경의 경우에는 주차대수 산정 시 앞서 신축 때에 산정한 주차대수를 합산하지 않고 별도로 용도 변경하는 부분에 대해서만 산정한다. 또한 용도변경한 부분에 대하여 산정한 주차대수가 1대 미만인 경우는 주차대수를 0으로 보며, 1대 미만으로 주차대수 추가 확보가 없었을 경우 추후 용도변경이 추가로 있을 시에는 이전의 용도변경 사항과 합산하여 1대 이상이 될 경우 1대를 추가 설치한다.

이러한 까다로운 법정주차대수를 규정하고 있는 주차장법을 어기고 건물을 신축하거나 용도변경을 했을 경우와 주차장용도 외의 용도로 불법 전환하여 사용하다 적발되는 경우 해당 시·군·구청은 주차장법 위반 통보를 하게 되는데 위반건축물과 동일한 개념으로 이해해도 좋다.

■ **주차장법 위반 시 이행강제금 부과 예시**

구분	부과기준	부과금액예시	비고
주차장 외의 용도로 사용하는 경우	주차구획 설치 비용의 20%	공사지가 400만 원/㎡의 경우: 1면(위반구획수)×400만 원×12㎡×20%=960만 원	• 최초 원상복구명령이 있는 날을 기준으로 1년 2회 부과 • 시설물의 소유자 또는 관리책임자의 변경 여부와 관계없이 최고 5회까지 부과 • 주차면수 규모가 9대 이상일 경우 1면(위반 구획수)×공시지가×18㎡
본래의 기능을 유지하지 아니하는 경우	주차구획 설치비용의 10%	공사지가 400만 원/㎡의 경우: 1면(위반 구획수)×400만 원×12㎡×10%=480만 원	

key point

주차장법의 위반은 보통 주차장용도 외에 상가시설물을 건축해서 주차장용도 외로 사용하거나 법정주차대수를 위반하여 건축하는 것 등인데, 이 또한 임대수익률과 관계가 깊다. 주차장법 위반은 강력한 법으로 규제받고 있으니 주의해야 한다.

03

이격거리,
일조권 사선제한

경기도 광주에서 거주하는 김상진(45세) 씨는 오래전에 광주 초월읍에 건축할 만한 상가부지 100㎡를 ㎡당 70만 원의 저렴한 가격에 매수했다. 인근에 아파트가 들어오고 개발이 진행되면서 상권이 확장되고 도로계획이 생기면서 지가가 급등하기 시작했다. 땅으로 보유하고 있는 것보다는 상가주택을 지어서 1층에는 상가를 세주고 나머지는 원룸으로 꾸며서 임대를 놓을 계획을 하고 설계사무소를 찾아갔다. 그런데 설계사는 무슨 '이격거리'니, '일조권 사선제한'이라는 용어를 김 씨에게 설명하는 것이다. 김 씨가 이해될 리 만무했다. 김 씨는 본인이 그동안 꿈꿔왔던 집을 지을 수도 없이 그저 설계사의 설계도면대로 건축을 해야 한다는 것에 서운함이 가득하다.

1) 이격거리

건물을 신축할 때 인접된 건물과는 일정거리 이상 떨어져서 건물을 지어야 한다. 전문용어로는 인접대지경계선에서 '건축물 이격거리'라고 한다.

수많은 건축대상 필지를 분석해보면 똑같이 생긴 땅은 하나도 없다. 땅 모양이 비슷하면 도로와 면한 형상이 다르고 인접대지경계선의 형상이 다르다. 그도 그럴 것이 하나의 건축이 태어나기 위해서는 우선 토지의 형상, 방위, 도로의 형상, 인접대지와의 관계 등 수많은 요소의 분석이 필요하다.

원래 인접대지경계선에서의 건축물의 이격은 1999년 이전까지는 건축법에 포함돼 있었지만, 1999년 2월 8일 건축법이 개정되면서 빠졌다. 현재 인접대지경계선에서 건축물의 이격은 민법의 기준을 따르고 있다. 이격거리 기준은 인접대지경계선에서 건축물의 모든 부분(처마, 계단, 발코니 등)이 0.5미터 이상 이격해야 한다.

만약 인접대지가 본인 소유의 땅이라 할지라도 0.5미터 이상 이격해야 한다. '내 소유니까 붙여서 건축해도 상관없겠지' 하고 간과하는 이들이 있는데 나중에 건축물을 자르는 불상사가 발생할 수 있다. 또한 강제규정은 아니지만 인접부분이 대지가 아니고 도로인 경우라 할지라도 0.5미터 이격하는 게 좋다.

다세대주택을 건축할 경우 인접대지경계선에서 이격해야 하는 거리 규정은 크게 3가지가 있다.

① 민법에 의한 규정

경계선에서 0.5m 이상 띄워야 함

② 일조권(정북거리) 규정

정북 방향으로 다음의 거리 이상을 이격해야 함.

-9m 이하는 1.5m

-9m 초과는 건물높이의 절반

전용주거지역, 일반주거지역에서만 적용

③ 대지 안의 공지 규정

특정 건축물인 경우 방위 관계없이 일정거리 이상 이격

-다가구주택: 1.0m

-다세대주택: 1.5m

이러한 각각의 모든 규정이 다 충족되어야 하므로 이들 중 가장 크게 걸리는 선으로 이격하게 된다. 그러나 위의 규정을 적용하는 데는 지역 조례별로 다르다. 또한 필로티 등 높이 산정 방식의 부가적인 사항들이 많아서 일률적으로 적용되어지는 것은 아니다. 더 정확하게 알고 싶으면 관련 서류를 지참하여 해당 구청 건축과를 방문해서 문의하도록 하자.

2) 일조권 사선제한

산업화와 도시 개발이 진행된 이후 고층 빌딩이 늘어져 있는 풍경을 흔하게 볼 수 있다. 그러다 보니 당연하던 일조권도 법적 분쟁이 생겨나기 시작했다. 일조권이란 말 그대로 햇빛을 받을 권리인데 다만 법적으로는 실정법상의 규정이라기보다는 향유해야 할 생활이익이라고 칭할 수 있다. 일조권을 보장하기 위해 건축법에는 일조권 사선제한을 두고 있다. 일조권 사선제한이란 건물의 높이에 따라 정북 방향의 인접대지경계선에서 일정거리를 띄어서 건축하도록 하는 법이다. 보통 3층 이하의 건축물에는 일조권 사선제한이 적용되는 경우가 많지 않다. 하지만 3층 이상이 된다면 이 법률을 반드시 참고해야 한다. 건물을 신축하려고 설계도면을 작성하고자 할 경우 일조권에 대한 부분을 세심하게 신경 써야 한다.

어떤 지역은 "북편 일조권이다"라고 하고, 어떤 지역은 "남편 일조권이다" 하고 거기에 "일조권 사선제한은 어찌된다"는 등 어리둥절할 때가 많을 것이다. 일조권의 의미는 건물의 일조량, 즉 햇빛을 받을 수 있는 것을 보장받기 위한 권리이다.

일조권사선제한은 전용주거지역이나 일반주거지역의 건물을 신축할 경우 건물의 높이에 따라 정북 방향의 인접대지의 경계선으로부터 건축조례에 따라 일정 거리를 띄워 건축하도록 하는 것을 말한다. 1, 2종 전용주거지역이나 1,2,3종 일반주거지역에 건물을 신축할 경우 위와 같은 일조권 사선제한을 받을 수 있다. 준주거 지역이나 상업지역의 경우 해당사항이 안 되지만 일반주거지역에 신축하는 상가건물은 해당이 되니 주의를 해야 한다.

높이 9미터까지는 이 일조권 사선제한에 해당되지 않지만 높이 9미터가 넘는 건물은 이에 해당된다. 일반적인 단독주택보다는 상가건물, 상가주택, 다가구주택, 다세대주택 등이 해당한다.

다음은 일조권에 대한 규정사항이다.

■ **일조권 규정사항**

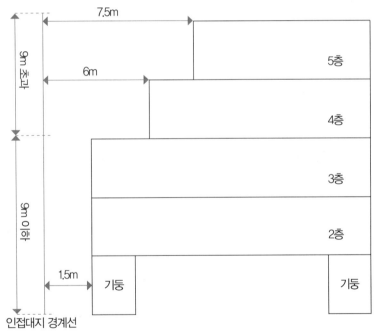

높이 9m 초과인 부분: 해당 건물의 각 부분이 1/2 이상 인접대지경계선과 거리를 둔다.

① 높이 9미터 이하인 부분: 인접대지 경계선으로부터 1.5미터 이상 거리를 둔다.

이해를 돕기 위해 212쪽 그림을 참고하기 바란다. 이 그림은 다가구 주택이나 다세대주택을 표본으로 만든 그림이다. 1층을 3미터로 보았을 때 3층까지는 일조권 사선제한을 받지 않는다. 4층부터는 일조권 사선제한을 받게 되는데 4층까지의 높이가 12미터이기 때문에 인접대지 경계선으로부터 1/2를 띄워야 한다. 이 간격이 12미터의 반, 6미터이다. 5층은 높이가 15미터이기 때문에 7.5미터의 간격을 띄워야 한다.

다만 2015년에 도로 사선제한은 폐지가 되었기 때문에 현재는 일조권 사선제한만 신경을 쓰면 된다.

214쪽 사진의 건물은 일조권 사선제한 적용된 건물이다. 이런 건물을 두고 현장에서는 '꺾였다'라고 한다. 현재는 도로 사선제한이 폐지되었기 때문에 상관이 없다. 건물의 도로 사선제한을 많이 받는 건물일수록 법규 하나에 따라 건물의 경제적 가치는 적지 않은 차이가 날 수 있다. 특히 코너에 위치한 건물일 경우 이 도로 사선제한의 영향으로 제한을 많이 받았는데, 현재는 그 가치가 더욱 커졌다고 볼 수 있다. 일조권 사선제한의 경우에도 해당 건물의 정북 방향에 건물이 없었다면 건축조례에 따라 더 큰 건물을 지을 수 있는 여지가 있다. 이는 건물의 경제적 가치와 수익률에 직결되는 사항이므로 잘 알고 있어야 한다.

일조권 사선제한이 적용된 건물 모습

그럼 일조권 사선제한이 미적용되는 대지는 어떤 것일까?

일조권 사선제한을 받지 않는 대지도 있다. 보통 북측에 위치한 대지가 일반주거지역이나 전용주거지역이 아닐 경우에 해당되는데 이에 대한 사항은 아래를 살펴보면 잘 알 수 있다.

① 다음 각 목의 어느 하나에 해당하는 구역 안의 대지 상호 간에 건축하는 건축물로 해당 대지가 너비 20미터 이상의 도로(자동차·보행자·

자전거 전용도로를 포함하며 도로에 공공공지, 녹지, 광장, 그밖에 건축 미관에 지장이 없는 시·군 계획 시설이 접한 경우 해당 시설을 포함한다)에 접한 경우

　가. 「국토의 계획 및 이용에 관한 법률」 제51조에 따른 지구단위계획구역, 같은 법 제37조 제1항 제1호에 따른 경관지구 및 같은 항 제2호에 따른 미관지구

　나. 「경관법」 제9조 제1항 제4호에 따른 중점 경관관리구역

　다. 제77조의 2 제1항에 따른 특별가로 구역

　라. 도시미관 향상을 위하여 허가권자가 지정·공고하는 구역

② 건축협정구역 안에서 대지 상호 간에 건축하는 건축물(법 제77조의 4 제1항에 따른 건축협정에 일정 거리 이상을 띄어 건축하는 내용이 포함된 경우만 해당한다)의 경우

③ 건축물의 정북 방향의 인접 대지가 전용주거지역이나 일반주거지역이 아닌 용도지역에 해당하는 경우

보통 하천이나 도로, 공원, 철도, 광장 등이 북측에 위치하고 있으면 일조권 사선제한을 받지 않는다고 보면 된다. 일반적으로 자주 볼 수 있는 유형은 도로인데 다가구주택이나 상가주택의 경우 높이가 높지 않기 때문에 북측에 도로가 있으면 대부분 일조권 사선제한을 받지 않게 된다. 그래서 좋은 땅의 기본 조건은 북측에 도로가 있는 땅을 제일

정북 일조권	북쪽 건물	일조권에 의해 사선제한이 없음
	남쪽 건물	사선제한이 있는 남향 건물
정남 일조권	북쪽 건물	사선제한이 있고 북향 건물
	남쪽 건물	일조권에 의해 사선제한이 없는 남향 건물

우선으로 평가한다.

가끔 정남 일조권이라는 단어가 쓰이기도 하는데, 그것에 대한 것도 알아두면 좋다. 최근에 조성된 택지를 보면 원래 정북으로 일조권 사선제한을 받는데 이와 반대로 정남으로 일조권 사선제한을 정한 곳이 많다. 혁신도시나 동탄, 위례, 광교 신도시 등도 정남일조권인데 이 경우 위에서 설명한 정북으로 일조권 사선제한을 설명한 모든 부분이 정남으로 일조권 사선제한을 받는다고 보면 된다. 이에 따라 건물의 경제적 가치가 어떻게 달라지는지 알아보자.

왜 일조권 방향에 따라 이런 이득이 생기는 걸까? 쉽게 도로를 생각하면 된다. 위 표에 나온 북쪽 건물, 남쪽 건물은 북쪽에 도로가 있는 건물과 남쪽에 도로가 있는 건물로 생각하면 이해하기 편할 것이다.

일조권 사선제한을 받은 건물은 외장마감비용 상승, 임대주택 테라스 관리 어려움 등의 문제에 봉착하지만 가장 중요한 것은 토지의 용적률을 다 쓸 수 없다는 데에 있다. 이 공간에 남은 용적률로 원룸 하나만

더 지어도 바로 수익과 직결되기 때문이다.

때문에 일조권 사선제한이 있는 건물이나 택지는 처음부터 잘 알아보고 매수해야 한다. 택지는 블록 단위로 토지가 나뉘기 때문에 이 블록 속에서 실상 많은 토지가 이 일조권 사선제한을 받게 된다. 같은 가격이면 이 일조권 사선제한 없는 건물이 더 나은 건물일 경우가 많다.

key point

건축할 수 있는 내 토지가 있다고 마음대로 그 토지에 건축물을 전부 올릴 수는 없다. 법으로 정해진 건폐율과 용적률을 적용하고 도로와의 이격거리, 일조권 사선제한 등이 엄격하게 적용되어 건축물이 올라가야 하기 때문이다. 이해관계가 긴밀하게 관여되어 있으니 꼼꼼하게 잘 따져봐야 한다.

04

건축선이란 무엇이고,
어떻게 활용하나?

1) 건축선의 의미

대지에 건축물이나 공작물을 설치할 수 있는 한계선을 말한다. 건축선을 지정하는 이유는 건축물이나 공작물이 도로를 침식하는 것을 방지하고 도로교통을 원활하게 하기 위해서다. 보통 도로와 대지의 경계선을 건축선으로 하지만 도로의 폭이 4m 미만일 경우에는 도로의 중심선으로부터 그 도로 폭의 2분의 1의 수평거리만큼 물러난 선을 건축선으로 한다. 다만 그 도로의 반대쪽에 경사지, 하천, 철도, 선로부지 그 밖에 이와 유사한 것이 있을 때에는 그 경사지 등이 있는 쪽의 도로경계선에서 도로의 폭에 해당하는 수평거리의 선을 건축선으로 한다.

도로모퉁이 부분의 건축선은 그 대지에 접한 도로경계선의 교차점으로부터 도로경계선에 따라 2미터 내지 4미터 후퇴한 두 점을 연결한 선으로 하는데, 도로의 교차각이 90도 이상, 120도 미만이고 교차되는 도로의 폭이 6~8미터면 3미터, 폭이 4~6미터면 2미터를 후퇴한다. 다만 기존 건축물의 수직방향으로 증축한 경우에는 그렇지 않다. 시장·군수 또는 구청장이 시가지 안에서 건축물의 위치나 환경이 정비가 필요하다 인정하면 대통령령이 정하는 범위에서 따로 건축선을 지정할 수 있으며, 이 경우 시장·군수·구청장은 지체 없이 이를 고시해야 한다. 근거법은 건축법이다.

2) 건축선의 활용

건축선이란 대지와 도로의 경계선으로 건축물을 건축할 수 있는 선을 의미하는데, 도로의 현황을 고려하여 일정 기준(건축법적 기준)보다 좁은 경우 일정 너비 이상의 도로를 확보하도록 하고 있다. 이때 일정 기준에 의해 확보해야 하는 도로의 너비가 부족한 경우 도로의 중심선으로부터 필요한 기준 도로 너비의 1/2만큼을 후퇴하여 확보해야 한다.

쉽게 말하면 내가 내 땅에 건축을 할 때 일정 부분의 도로를 접하고 있지 않으면 내 땅을 내주어 도로의 너비를 확보해야 한다는 의미이다. 이렇게 되면 소유권은 바뀌지 않으나, 당연히 지목이 '도로'로 바뀌고 분필이 되게 된다.

■ **전면도로의 소요폭(소요너비)**

구분		도로길이	소요너비
전면도로의 소요폭	일반적인 경우	막혀 있지 않음	너비 4m 이상
	막다른(막힌) 도로의 경우	길이 10m 미만	너비 2m 이상
		길이 10m 이상 35m 미만	너비 3m 이상
		길이 35m 이상	너비 6m 이상

■ **건축선**

소요너비 이상도로	①대지와 도로의 경계선을 건축선으로 한다.	
소요너비 미달도로	②도로의 양측이 대지인 경우 도로 중심선으로부터 소요너비의 1/2에 상당하는 후퇴선	
	③반대 측 도로 경계선에 철로, 하천 등이 있는 경우	소요너비만큼 후퇴

■ **소요너비 미달도로 건축선**

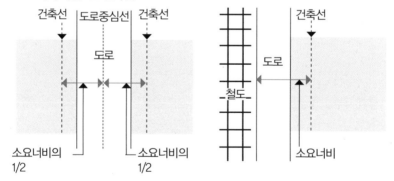

■ 도로 모퉁이에서의 건축선

도로의 교차 각	교차되는 도로의 너비	당해 도로의 너비	
		8m 미만 6m 이상	6m 미만 4m 이상
90도 미만	8m 미만 6m 이상	4m	3m
	6m 미만 4m 이상	3m	2m
90도 이상 120도 미만	8m 미만 6m 이상	3m	2m
	6m 미만 4m 이상	2m	2m

건축법에서 정해진 너비만큼 도로를 확보하지 못하면 건축허가를 받을 수 없다. 또한 건축선이 후퇴한 면적은 건폐율과 용적률을 적용할 때 대지면적에서 제외된다. 결국 건축선을 통해 사용 가능한 대지 면적이 어느 정도인지를 파악할 수 있는 것이다. 간혹 건축선의 후퇴 너비가 몇 미터 되지 않는다고 하여, 가볍게 여기는 경우가 있는데 건축선의 후퇴는 사업성에 매우 큰 영향을 미친다.

key point

건축을 하려면 법에서 정해진 너비만큼 도로를 반드시 확보해야 한다. 때문에 건축선 후퇴는 건물을 신축할 경우 사업성을 판단할 수 있는 중요한 요소가 된다는 사실을 잊어서는 안 된다.

죽은 상권에 감춰진 개발호재

"5년 후 상권활성화와 유동인구 증가를 읽어내다"

경기도 화성에서 큰 공장을 운영하던 윤석민(51세) 씨는 서울 양재동의 거래처를 자주 오갔다. 어느 날, 양재동에서 부동산업을 하던 친구가 사무실에 들러 차 한 잔 마시고 가라고 성화다. 잠시 들렀더니 양재동에 시세보다 저렴한 빌딩이 나왔다고 귀띔해주는 것이다.

입지를 살펴보니 대로변 사거리에서 한 블록 들어간 이면도로에 있지만 인근이 사무실 밀집지역이라서 유동인구는 많아 보였다. 잘만 활용하면 임대수익을 얻는 데는 무리가 없을 것이라 생각하고 과감하게 계약을 했다. 대지 70평/건평 230평의 지하1층~지상4층의 규모로 준공된 지는 약 20년 가까이 된 것 같다. 매매가는 평당 4,000만 원으로 나왔다. 보증금과 대출을 활용하면 실투자금액은 약 15억 원이 될 것 같다. 양재동 일대는 꾸준히 지가 상승이 이어지는 지역인데 유독 해당물건이 소재하고 있는 지역은 상권이 죽어 있었고 건물도 노후화가 되어 투자의사 결정을 내리기가 쉽지는 않았다. 하지만 물건을 소개 받은 뒤 여러 차례 발품을 팔면서 상권과 임대시세를 철저히 조사했다. 주변에 기업체들도 신규로 유입되고 있는 데다 양재동 인근 지역인 개포동의 재건축사업이 본궤도에 오르는 등 5년 이후에는 상권의 활성화와 유동인구 및 상주인구의 증가가 예측되었다. 윤 씨는 투자가치가 반드시 있을 것으로 확신했다.

투자 후 윤 씨는 약 2억 원을 들여 건물증축과 외부 리모델링을 한 다음 1층을 편의점에 임대를 주고 나머지는 사무실과 학원에 임대했다. 그는 은행이자를 제하고 매월 500만 원의 임대수익을 올리고 있다.

양재동의 개발호재가 넘치면서 투자한 뒤 2년이 지난 지금 평당

양재역 상업지역 확대 호재

개포동 재건축시 이주 수요예측

5,000만 원을 호가하고 있어 윤 씨는 날마다 흐뭇한 미소를 짓고 있다. 덩달아 자신의 사업도 잘되고 상가빌딩 가치도 올라 꿩 먹고 알 먹는 투자에 만족하고 있다. 윤 씨가 투자에 성공한 이유는 철저한 상권분석을 통한 투자입지 선정과 대단위 개발호재의 타이밍을 적절히 활용했기 때문이다.

다음은 윤 씨의 꼬마빌딩 성공 포인트를 살펴보자.

1) 상권입지 분석이 투자 성패를 좌우한다

상가빌딩투자 성공의 절반은 상권입지 분석이다. 유동인구와 상주인구의 분포가 6:4 비율로 분포된 안정된 상권에 투자해야 성공할 수 있다. 입지의 중요성은 아무리 강조해도 지나치지 않다. 윤 씨의 입지는 이면도로에 위치하고 있지만 가시성과 접근성이 확보된 물건으로 남들이 봐도 탐내는 입지였다.

2) 지역개발호재가 있어야 투자수익이 높다

신규 지하철역 개통이나 대형극장 등이 입점해서 인근지역의 상권이 확장되면 유동인구 흡입력이 높아져 지가상승력도 높고 임대도 잘된다. 양재역 부근의 상업지역 확대, 개포동 재건축에 따르는 이주수요 예측, 각종 기업체 R&D센터, 공공사업추진 등의 개발호재는 지가 상승과 더불어 건물의 가치를 올려줄 수 있는 핵심 포인트가 되었다.

3) 임대가 잘될 지역에 투자해야 한다

상가빌딩은 임대사업을 통해 공실률을 낮추어 매월 임대수익을 얻는 것이 목적이므로 임차인들의 수요가 많은 곳에 투자해야 임대수입이 짭짤하다. 윤 씨는 이러한 요소를 충분히 잘 알기에 임차수요가 많아질 것을 예상하고 기업체 주변으로 물건을 탐색한 것이다.

4) 현장답사는 꼭 필요하다

현장답사는 투자의 성패를 좌우하는 큰 요소 중 하나다. 인근 상권과 주변시세 파악 그리고 개발호재에 대한 탐문이 이루어지는 필수작업이다. 귀찮다고, 시간이 없다고 다른 사람에게 부탁하거나 생략해서는 안될 것이다.

■ 꼬마빌딩 성공투자 포인트

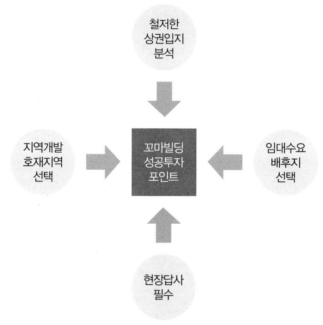

윤 씨가 매입한 꼬마빌딩 주변 모습

6
chapter

꼬마빌딩 건물주가 알아두면

돈 되는 부동산지식

01

연면적, 건폐율, 용적률
그리고 대지지분 알아두기

일반인들 중에 건폐율, 용적률을 구분하고 그것이 무엇을 의미하며, 건물에 어떻게 적용하는지를 아는 사람은 드물 것이다. 부동산업에 종사하는 이들 중에도 그 개념을 제대로 이해하지 못하는 사람도 종종 있다. 이 용어들은 부동산의 경제적 가치를 분석하는 데 정말 중요하기 때문에 반드시 숙지해야 한다.

1) 연면적

건축하려는 건물 각 층의 바닥면적의 총 합계이다. 간단하게 설명하면 한 건물이 있는데 총 3개 층이고, 각 층마다 바닥면적이 100㎡이라고 가정하자. 그럼 각 층 바닥면적(100㎡)×총 층(3층)=연면적 300㎡이

된다. 연면적은 계산하기 쉽다. 다만 용적률을 역계산하기 위해 적용되는 연면적은 지하층, 주차장시설, 공동주민시설 면적을 제외하고 계산하니 참고해야 한다.

2) 건폐율

토지 위에 건물이 차지하는 면적 비율이다. 100㎡의 땅에 건폐율이 40%라고 한다면 40㎡의 면적에만 건물을 지을 수 있다는 것이다. 100㎡의 땅에 건폐율이 70%라면 70㎡의 면적에 건물을 지을 수 있다는 것이다. 이렇듯 건폐율이 높을수록 많은 면적에 건물을 지을 수 있다. 다만 주거환경은 건폐율이 낮을수록 좋다. 이유는 건폐율이 낮을수록 건물을 올릴 수 없는 땅이 차지하는 비율이 높아지기 때문에 그만큼의 동간 거리가 나오고, 주차면적이나 조경을 꾸밀 수 있는 땅이 많다는 것이다.

용도지역별로 도시지역은 주거지역, 상업지역, 공업지역, 녹지지역으로 나뉜다.

도시지역의 건폐율 비율이 어떻게 되는지 알아보자.

주거지역 건폐율: 70% 이하

상업지역 건폐율: 90% 이하

공업지역 건폐율: 70% 이하

녹지지역 건폐율: 20% 이하

위 용도지역별 건폐율을 보면 주거지역과 상업지역이 70%와 90%에

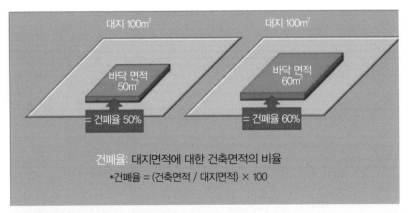

대지 100m²　　　　대지 100m²

바닥 면적
50m²

바닥 면적
60m²

= 건폐율 50%　　　= 건폐율 60%

건폐율: 대지면적에 대한 건축면적의 비율

*건폐율 = (건축면적 / 대지면적) × 100

건폐율의 이해

육박한다. 그만큼 땅 크기에 딱 맞게 지어지기 때문에 건물들이 따닥따
닥 붙게 된다. 서울 구시가지나 성남 구시가지를 보면 빌라들이 거의
붙어 있는 걸 볼 수 있다. 주거지역과 상업지역이기 때문에 건물이 인
접하여 붙어 있는 것이다.

　다만 건폐율만 가지고 그렇게 집이 붙어 있는 거라면 분당의 주거지
역도 땅의 70%에 육박하게 따닥따닥 붙여 지을 수 있지만 여기에 용적
률을 적용하면 높게 올릴수록 건폐율 면적이 줄어들게 되는 것이다.

3) 용적률

　토지 위에 건물이 차지하는 총 연면적 비율이다. 얼핏 보면 연면적
과 비슷한 것 같지만 건물을 지을 때 용적률이 결정되어야 연면적이 결

정된다. 토지면적이 100㎡일 때 용적률이 200%라고 한다면 연면적은 200㎡가 된다. 용적률이 180%라고 한다면 연면적이 180㎡가 된다. 이렇듯 용적률이 결정되어야 연면적이 결정되는 것이다.

그럼 위 3가지 단어(연면적, 건폐율, 용적률)를 합하여 건물을 올린다고 가정하고, 100㎡의 토지에 건폐율 20%, 용적률 180% 법률을 적용해 보자.

토지(100㎡) × 건폐율 20%=20㎡

토지(100㎡) × 용적률 180%=180㎡

총 100㎡의 토지에 20㎡에만 건물을 지을 수 있고, 빌라일 경우 4층까지 올린다면 20㎡ × 4층=80㎡(연면적)까지만 지어지는 것이다.

용적률이 아무리 180㎡가 나와도 건폐율이 낮기 때문에 최고 80㎡밖에 안 나오는 것이다. 때문에 건물을 지을 때 건폐율과 용적률이 중요

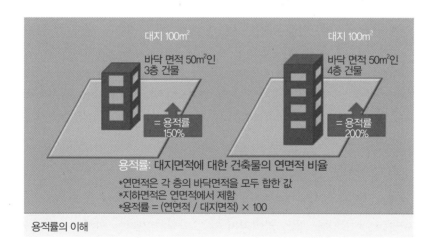

대지 100m²

바닥 면적 50m²인 3층 건물

= 용적률 150%

대지 100m²

바닥 면적 50m²인 4층 건물

= 용적률 200%

용적률: 대지면적에 대한 건축물의 연면적 비율

*연면적은 각 층의 바닥면적을 모두 합한 값
*지하면적은 연면적에서 제함
*용적률 = (연면적 / 대지면적) × 100

용적률의 이해

■ 용도지역별 용적률 상한선

용도지역		상한선(백분율)
도시지역	주거지역	500
	상업지역	1,500
	공업지역	400
	녹지지역	100
관리지역	보전관리지역	80
	생산관리지역	80
	계획관리지역	100
농림지역		80
자연환경보전지역		80

해지는 것이다.

빌라의 경우 건폐율이 낮을수록 용적률도 따라서 낮아지기 때문에 건폐율이 더욱 중요하다. 하지만 건폐율이 높아도 용적률이 낮으면 연면적이 작아진다. 빌라는 건폐율이 낮아야 동간 거리가 넓게 나온다. 가끔 동간 거리를 길게 확보하기 위해 건폐율이나 용적률이 높아도 반만 사용해서 짓는 경우도 있다.

4) 대지지분

대지지분과 계산법에 대해서 알아보자. 부동산의 특성 중에 '영속성'이라는 것이 있다. 땅은 없어지지 않고 영원히 간다는 의미다. 그렇다면 땅, 즉 토지와는 상대적으로 반대인 건물은 영속성이 없다는 것으로 이해해도 무방하다. 즉 부동산의 가치에서는 땅이 굉장히 큰 비중을 차지한다. 건물은 낡으면 당연히 없어질 수 있다. 없애기 위해서는 철거비용이 든다. 하지만 땅은 영원하다. 그래서 아파트나 빌라를 들어갈 때 나중 일, 즉 재건축·재개발을 염두에 둔다면 대지권비율을 따져봐야 한다. 대지권비율은 내가 가지고 있는 땅의 비율이 얼마인지 알려주는 것인데, 재건축할 때 아주 중요한 핵심요소이다. 다시 말해 대지지분이란 내가 아파트 101동 101호에 살고 있지만 건물이 아닌 이 아파트 전체에 대한 내 땅의 지분이라고 생각하면 된다. 내 땅은 얼마만큼이지 하는 생각이 바로 대지지분이다. 위에서 언급한 바와 같이 대지권비율/대지면적에 따라서 재건축을 할 때 내 땅의 크기가 작으면 추가분담금을 낼 수도 있고, 내 땅이 크면 추가이익금을 받을 수도 있다. 즉 땅의 크기에 따라 경제적으로 엄청난 차이가 있다는 의미다. 그렇기에 빌라든 아파트든 구입할 때, 특히 재건축을 앞두고 있는 부동산을 구입할 때는 대지권비율/대지면적이 높은 아파트나 빌라를 구입하려고 하는 것이다.

그렇다면 이것은 어떻게 확인할 수 있는 것일까? 등기부등본을 떼어 토지면적과 대지권비율을 확인하면 된다. 토지면적이란 전체 토지면적을 의미하는 것이다. 쉽게 말해 큰 토지면적을 아파트 전 세대수로 나눴을 때 땅의 비율을 체크하는 것이다.

대지지분=대지권의 목적인 토지면적 × 대지권비율

대지지분 계산방법은 대지권의 목적인 토지면적 곱하기 대지권의 비율을 하면 된다. 토지면적과 대지권비율은 부동산등기부등본을 통해 확인할 수 있다. 요즘은 인터넷으로 쉽게 열람이 가능해서 쉽게 파악할 수 있다.

토지면적과 대지권비율의 분모는 대부분 같은 숫자이다. 간혹 다른 숫자가 있을 수 있으나 곱하기만 할 줄 알면 큰 문제는 없다. 예를 들어 대지권의 목적인 토지면적이 1204205.01㎡이고 대지권 비율이 56.24㎡/1204205.01일 경우 대지지분을 계산해보자.

$$1204205.01 \times \frac{56.24}{1204205.01} = 56.24$$

위와 같이 계산한 대지지분은 56.24㎡이다.

다시 한 번 정리하면 아파트, 빌라의 대지지분, 대지권비율, 대지면적이 의미하는 것은 과연 이 집합건물 중 내 땅의 크기는 얼마인지를 나타내는 것이다. 이것의 의미는 재건축시 아주 중요하다. 확인방법은 등기부등본의 대지권비율에 분자를 읽어주면 되는데, 가끔은 이것이 맞지 않을 수도 있다.

key point

건축 시 건폐율과 용적률, 대지면적은 필수적인 용어이다. 자신이 보유하고 있는 대지에 얼마만큼 건축할 수 있고 건물을 몇 층까지 올릴 수 있는가에 대한 기본적인 사업성 파악에 중요한 것들이다.

02

공적장부란 무엇인가?

살아가면서 누구나 부동산을 한 번 이상 접하고 살아간다. 전세를 살든, 월세를 살든, 가게를 임차해서 사업을 하든, 땅을 매입하여 건축을 하든 우리 삶과 부동산은 불가분의 관계에 있다. 다시 말해 부동산은 떼려야 뗄 수 없는 존재다. 부동산은 가치가 큰 만큼 커다란 피해를 볼 수도 있다. 이러한 피해를 예방하기 위해서 꼭 살펴보아야 할 것 중 부동산 공적장부라는 것이 있다.

1) 등기사항전부증명서

부동산에 관한 소유 및 권리관계, 현황이 기재되어 있는 것으로 보통 등기부등본을 말한다. 일반인들 중에는 등기부등본조차도 이해하지 못하는 사람들이 너무 많다. 등기사항전부증명서는 표제부와 갑구 및 을구로 구성되어 있다. 표제부는 물건의 표시, 갑구는 소유권에 대한 사항, 을구는 소유권 이외의 사항 등이 표시되어 있다. 그러나 을구에 기재된 사항이 전혀 없거나 기재된 사항이 말소돼 현재 효력이 있는 부분이 전혀 없을 때에는 을구를 제외한 표제부 및 갑구만으로 구성된 등기부등본을 발급한다.

2) 건축물대장

건축물의 주소, 대지면적, 연면적, 건축면적, 용도지역, 용도지구, 용도구역, 전용면적, 구조, 용도, 층수, 건폐율, 용적률 등 업종이 표시된 건축물 현황과 소유자 현황, 건축주, 설계자 등 건축물에 대한 정보가 기재되어 있다. 또한 건축물의 증개축이나 이전, 대수선, 용도변경 등 건축물의 표시에 관한 사항과 위반건축물에 대한 표시 등도 기재되어 있다.

3) 토지이용계획확인서

토지의 이용용도 및 행위 제한에 대한 내용이 기재되어 있으며 해당 토지에 규제 여부를 확인한 뒤 자신이 원하는 용도로 가능한지도 확인할 수 있다.

4) 토지대장(임야대장)

토지의 소재, 면적 지목, 토지등급, 개별공시지가, 소유자명, 주민등록번호 등 토지의 사항이 기재되어 있다.

5) 지적도(임야도)

토지의 위치, 형질, 소유관계, 면적, 지목, 지번, 경계 등을 알 수 있고, 토지의 모양을 쉽게 파악할 수 있다. 정사각형 모양이고 주변 도로가 있으면 유리하다.

6) 개별공시지가확인원

표준공시지가를 기준으로 산정한 개별 토지에 대한 단위면적당 가격, 용도 및 교통요건, 이용규제 등에 따라 가격이 결정된다. 공시지가는 건교부의 기준지가, 국세청이 국세산정을 위해 매긴 기준시가, 내무부가 지방세를 걷기 위해 만든 과세시가 표준액, 구 재무부의 감정시가 등인데, 이러한 복잡한 토지가격 체계를 단일화하여 지난 1989년부터 매해 1월 1일 기준으로 건설교통부가 공시지가를 작성하여 발표한다.

key point

모든 부동산에는 공적장부라는 것이 있다. 등기부등본, 건축물대장, 토지대장, 지적도, 개별공시지가확인원 등이 있는데 발급받는 방법과 활용방법을 숙지해야 한다. 공적장부를 통해서 소유권사항과 그에 따르는 공법상 규제사항, 향후 개발방향설정 등을 확인할 수 있다.

등기부등본에서
중요한 것은?

등기부등본을 이해하지 못하는 사람들이 많다. 등기부등본은 부동산 공적장부 중에서도 제일 기본적인 것으로 반드시 이해해야 한다.

241쪽의 등기부등본을 예를 들어 설명해보자.

1) 표제부

표제부는 등기부등본상 첫 번째 항목으로 첫 장에서 볼 수 있다. 표제부는 해당 부동산의 신상정보를 담은 서류로 부동산의 표시, 주소, 대지권, 건물명칭, 건물번호, 면적용도, 구조 등 그 부동산이 어떤 것인지 표시된다.

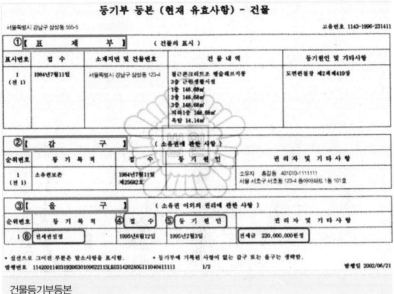

등기부 등본 (현재 유효사항) - 건물

서울특별시 강남구 삼성동 555-5   고유번호 1143-1996-231411

①〔 표 제 부 〕 (건물의 표시)

표시번호	접 수	소재지번 및 건물번호	건 물 내 역	등기원인 및 기타사항
1 (전 1)	1984년7월11일	서울특별시 강남구 삼성동 123-4	철근콘크리트조 평슬래브지붕 3층 근린생활시설 1층 148.68㎡ 2층 148.68㎡ 3층 148.68㎡ 지하1층 148.68㎡ 옥탑 14.14㎡	도면편철장 제42책제419장

②〔 갑 구 〕 (소유권에 관한 사항)

순위번호	등 기 목 적	접 수	등 기 원 인	권 리 자 및 기 타 사 항
1 (전 1)	소유권보존	1984년7월11일 제25682호		소유자 홍길동 401010-1111111 서울 서초구 서초동 123-4 동아아파트 1동 101호

③〔 을 구 〕 (소유권 이외의 권리에 관한 사항)

순위번호	등 기 목 적	**④**접 수	**⑤**등 기 원 인	권 리 자 및 기 타 사 항
1	**⑥**전세권설정	1995년6월12일	1995년2월3일	전세금 220,000,000원정

• 실선으로 그어진 부분은 말소사항을 표시함.   • 등기부에 기록된 사항이 없는 갑구 또는 을구는 생략함.

발행번호 11420011403192063010962211SLK031420240G111040411111   1/2   발행일 2002/06/21

건물등기부등본

※집합건물(예: 아파트, 주상복합, 오피스텔, 도시형생활주택 등)의 등기부등본은 표제부가 2개 만들어진다. 해당건물의 전체의 표제부와 전유부분의 표제부(예: 각 호실)로 나누어 부동산의 표시를 하기 때문이다.
위의 등기부등본에서는 이 건물이 서울시 강남구 삼성동 123-4번 지하층~지상3층의 철근콘크리트 구조로 되어 있음을 알 수 있다.

2) 갑구

갑구는 해당 부동산에 대한 소유권에 관한 사항이 기재된다. 다시 말해 소유주가 표시되는 곳으로, 압류/가압류/경매/예고등기 같은 소유권이 바뀔 수 있는 위험한 표기만 없다면 제일 마지막에 표시된 소유주가 진정한 소유자이다.

갑구에서는 소유자가 누구인지, 소유자가 갑자기 바뀔 위험은 없는지를 확인해야 한다. 매매계약을 하거나 주택을 임대할 때 이 등기부등본상의 소유자와 지금 계약하고자 하는 상대방이 일치하는지 확인해야 하고, 소유자가 어쩔 수 없는 사정이 생겨 본인이 오지 않고 계약을 해야 할 때에는 대리권자가 확실히 대리권을 받았는지 확인해야 한다(소유자(+대리권)를 확인하려면 등기부상의 주민번호와 신분증과의 대조를 통해 확인한다).

또한 건물을 새로 신축해서 소유권이 맨 처음 새로 발생하게 되면 소유권보존등기가 기재되며, 소유권이 이전되는 경우에는 소유권이전등기가 기재된다. 이렇듯 갑구에는 소유권과 관련된 사항이 나와 있다.

241쪽의 등기부등본에서는 소유권자가 홍길동이다.

3) 을구

을구는 소유권 이외의 권리사항이 표시되는 곳이다. 저당권, 근저당권, 전세권, 지상권, 임차권 등이 기재된다. 부동산담보대출을 받을 경우 은행에서는 나중에 안전한 대출금 회수를 위해 대출금과 관련하여 등기부등본에 저당을 설정해놓는다. 이렇게 저당을 설정해놓으면 나중에 문제가 발생했을 때 은행에서는 대출금을 회수할 수 있는 권리가 설정된다. 전세권은 전세를 들었을 경우 세입자가 전세기간이 만료되어 나중에 전세금을 돌려받을 때 전세금을 반환받을 수 있는 권리가 설정되어 있다.

key point

등기부등본은 모든 부동산공적장부의 기본이라고 할 수 있다. 표제부를 통해서 그 부동산의 표시와 갑구의 소유권에 관한 사항, 을구의 소유권 이외의 사항 등을 파악할 수 있는 장부이다.

04

건축물대장에서
반드시 확인할 사항

　살아가면서 부동산을 구입하려면 일단 그 부동산의 신상을 샅샅이 조사해야 한다. 등기부에서 소유권과 근저당권 등의 권리사항을 확인하고 나면 건축물대장에서 건물의 용도를 확인해야 한다. 건축물대장에는 그 건축물의 용도가 무엇인지, 불법건물은 아닌지 등이 상세히 기록된다.

　부동산 거래를 할 때 등기부등본만 확인하는 경우가 있는데, 건축물대장도 열람해보아야 한다. 만약 불법 건축물이라면 뜯어버려도 할 말이 없기 때문이다. 꼭 건축물대장을 열람해서 주로 임대할 업종의 인허가에 문제가 없을지 따져보아야 한다.

1) 건축물대장 갑구

건축물대장의 갑구에는 그 건물의 부동산 고유번호, 주소, 지번, 종류, 면적 등이 나온다. 소유자의 이름과 주소도 이 서류에 나오므로 건물의 중요한 상황을 대부분 알 수 있다. 건축물대장에서는 특히 주용도 부분에 유의해야 한다. 건축물의 주용도에는 단독주택, 공동주택, 근린시설 등이 있다. 근린시설은 슈퍼마켓, 음식점, 미용실, 세탁소, 목욕탕, 의원, 체육도장 등이다. 건축물대장에 물건의 주용도가 주택이라고 표기되어 있으면 체육도장으로 임대할 수는 없다.

일반건축물대장의 갑구

① 특이사항

그 건축물의 변동사항이 표시된다. 예를 들어 불법 건축물이라면 이 사실이 기록된다.

② 연면적

모든 층의 면적을 합한 총면적이 기록된다.

③ 주용도

건축물의 주된 용도를 알 수 있다. 245쪽에 보이는 건축물대장에서 건물의 용도는 다가구용주택이다.

④ 건폐율

건물의 수평투영 면적. 전체 토지 중 얼마나 차지하는지를 보여준다. 수평투영 면적이 50㎡이고 토지가 100㎡라면 건폐율은 50%이다. 245쪽에 보이는 건축물대장의 물건의 건폐율은 57.99%이다.

⑤ 용적률

대지면적에 대한 지상 층의 총 건축면적의 비율이다. 대지가 100㎡인데 총 건축면적(지하층 제외)이 500㎡라면 용적률은 500%이다. 건물을 얼마나 높게 지을 수 있는지를 알 수 있다.

본 물건의 용적률은 114.36%이다.

⑥ 건축물

현황건물의 층별 구조와 용도, 면적을 알 수 있다. 245쪽에 보이는 건축물대장의 건물은 연와조 구조로된 다가구 주택임을 알 수 있다.

⑦ 지역/지구/구역

해당 건물이 법에 정해진 용도지역, 용도지구, 용도구역상 어디에 속하는지를 보여준다. 앞으로 토지의 가격을 결정하는 매우 중요한 부분이다.

부동산경매 및 매매 또는 임대차계약을 할 때는 등기부나 건축물대장의 면적만 보고 결정을 내리지 말자. 같은 면적이라도 토지나 건물의 모양에 따라 다르게 느껴질 수도 있다. 자신이 사용하려는 용도에 맞는 적절한 면적인지 직접 현장답사를 해서 확인해야 한다. 절대 서류상의 면적만 보고 판단해서는 안 된다.

간혹 건축물대장과 등기부의 내용이 다른 경우도 있다. 등기부는 사법부(법원) 소관이고 대장은 행정부 소관인데, 요즘은 두 서류의 내용이 다르면 등기 자체를 받아주지 않는다. 하지만 실무적으로는 이런 경우를 심심찮게 만날 수 있다. 이 경우 면적 등 물리적 현황에 관한 내용은 대장을, 소유권 등 권리관계는 등기부를 우선하면 된다.

고유번호	1126010100-1-			민원24접수번호			20170126 -		허가일	1991.05.09
구분	성명 또는 명칭	면허(등록)번호		■주차장			승강기		착공일	
건축주			구분	옥내	옥외	인근	면제	승용 대 비상용 대			
설계자								■오수정화시설		사용승인일	1991.10.09
공사감리자			자주식	대 ㎡	대 ㎡	대 ㎡		형식		관련 주소	
공사시공자 (현장관리인)			기계식	대 ㎡	대 ㎡	대 ㎡		용량	인용	지번	
건축물 에너지소비정보 및 그 밖의 인증정보											
건축물 에너지효율등급 인증		에너지성능지표(EPI) 점수		녹색건축 인증		지능형건축물 인증				도로명	
등급			점	등급		등급					
에너지절감율	%			인증점수	점	인증점수	점				
유효기간 : . . ~ . .				유효기간 :		. . ~ . .	점				
변 동 사 항											
변동일	변동내용 및 원인			변동일		변동내용 및 원인				그 밖의 기재사항	
1991.10.14	신축			- 이하여백 -							
2011.10.04	건축물대장 기초자료 정비에 의거 (표제부(건축면적 :'0' -> '77.07',건폐율:'0' -> '57.99',용적율:'0' -> '114.36',용적률 산정용 연면적:'0' -> '151.98')) 직권변경										

일반건축물대장의 을구

2) 건축물대장 을구

건축물대장의 을구에는 소유자 현황이 자세하게 나온다. 특히 불법 건축물일 경우 불법증축이나 용도변경 등이 을구에 기록된다. 그러므로 건물을 구입하기 전 불법 건축물인지 여부를 파악하기 위해 반드시 건축물대장을 확인해야 한다.

-장 표시: 2-1 두 번째 내용 첫 번째 장임을 표시

-건축주 표시: 건축허가를 신청한 건축물의 주인

-설계자: 건축물 설계를 한 사람

-공사감리자: 건축물을 설계에 따라 건축하는지 지도, 감독하는 사람

-공사시공자: 공사의 책임을 맡고 하는 사람(도급계약의 수급인 또는

직접 시공자)

－허가일자: 건축허가를 받은 날

－착공일자: 공사 착공일

－오수정화시설 용량 표시

－변동사항: 신축신규 작성 이후 변동내용 및 변동일자 표시, 위반건
축물에 관한 내용 표시

key point

건축물대장은 건축물의 위치·면적·구조·용도·층수 등 건축물의 표시에 관한 사항과 건축물 소유자의 성명·주소·소유권 지분 등 소유자 현황에 관한 사항을 등록하여 관리하는 대장을 말한다. 그리고 위반건축물 여부를 확인할 수 있는 장부이다.

05

토지이용계획확인서는
반드시 열람하자

부동산투자를 처음으로 접하는 이정미(29세) 씨는 토지용계획확인원이 무엇이고 그것이 의미하는 것이 무엇인가를 통 알지 못한다. 한 번도 접해본 적이 없는 공적장부이기 때문이다. 그저 부동산등기부등본이나 발급받아서 본 것이 전부이다.

토지의 이용과 규제에 관한 내용이 담겨 있다고는 하나 어떻게 발급받고 어떻게 활용하는지에 대하여 알아보기로 하자.

우리나라의 모든 토지는 이미 용도가 정해져 있다. 토지의 용도를 단순히 지목으로 판단하는 사람들이 많지만 사실 지목은 그 토지의 현황에 관한 표시에 불과하다. 지목보다 지역·지구·구역 등 용도지역이 훨씬 유용한 정보이다. 토지이용계획확인서에는 소재지·지번·지목·경

계·면적·용도지역까지 나온다. 도시계획도로 저촉 여부나 도시개발계
획, 공원녹지계획 등 토지의 활용에 영향을 미칠 수 있는 정보도 확인
할 수 있다. 소재지, 지번, 지목, 면적, 토지이용계획에 따른 향후 개발
계획과 제한사항의 유무, 도시계획이나 군사시설, 농지, 산림, 자연공
원, 수도, 문화재, 토지거래 등이 각 해당사항에 표시되어 있으므로 그
땅이 어떠한 성격의 땅인지, 어떻게 사용될 땅인지를 전부 알 수 있다.
토지이용계획 확인서는 전국의 시, 군, 구청 및 동사무소에서 발급받을
수 있다. 혹은 이용규제정보서비스(http://luris.molit.go.kr) 사이트에 접
속해서 확인할 수도 있다.

  정리하면 토지이용계획확인서는 필지별 지역·지구 등의 지정 내용
과 행위제한 내용 등의 토지이용 관련 정보를 확인하는 서류를 말한다.
토지이용계획확인서를 통하여 확인할 수 있는 필지별 토지이용관련 정

온라인 토지이용규제정보서비스

보는 다음과 같다.

① 지역·지구 등의 지정 내용

② 지역·지구 등에서의 행위제한 내용

③「국토의 계획 및 이용에 관한 법률」에 따라 지정된 토지거래계약
에 관한 허가구역

④「택지개발촉진법 시행령」제5조 제2항 후단에 따른 열람기간

⑤「보금자리 주택건설 등에 관한 특별법 시행령」제8조 제2항에 따
른 열람기간

⑥「건축법」제2조 제1항 제11호 나목에 따른 도로

⑦「국토의 계획 및 이용에 관한 법률」제25조에 따른 도시·군관리계
획 입안사항

⑧「농지법 시행령」제5조의 2제 1항에 따른 영농여건불리농지

⑨ 지방자치단체가 도시·군 계획조례로 정하는 토지 이용 관련 정보

토지이용계획확인서를 발급하고자 하는 자는 특별자치도지사, 시
장·군수 또는 구청장에게 토지이용계획확인신청서(전자문서로 된 신청
서 포함)를 제출해야 하며, 토지이용계획확인신청서를 제출받은 특별자
치도지사, 시장·군수 또는 구청장은 국토이용정보체계를 활용하여 토
지이용계획확인서(전자문서로 된 확인서 포함)를 발급해야 한다.

253쪽의 토지이용계획확인서를 해설해보자.

① 소재지	서울특별시 광진구 중곡동 일반 234-44		
② 지목	대	면적	186.1 ㎡
개별공시지가 (㎡당)	3,120,000원 (2017/01)		

지역지구등 지정여부	③ 「국토의 계획 및 이용에 관한 법률」에 따른 지역·지구등	도시지역 , 제2종일반주거지역(7층이하)
	④ 다른 법령 등에 따른 지역·지구등	가축사육제한구역<가축분뇨의 관리 및 이용에 관한 법률> , 교육환경보호구역 (최종사항은 성동교육청에 반드시 확인요망)<교육환경 보호에 관한 법률> , 대공방어협조구역(위탁고도:77-257m)<군사기지 및 군사시설 보호법> , 과밀억제권역<수도권정비계획법> , (한강)폐가물매립시설 설치제한지역<한강수계 상수원수질개선 및 주민지원 등에 관한 법률>

「토지이용규제 기본법 시행령」 제9조제4항 각 호에 해당되는 사항	

확인도면	범례

범례
- □ 교육환경보호구역
- □ 도시지역
- ▨ 제2종일반주거지역
- ⑤ 축적 1 / 600

유의사항

1. 토지이용계획확인서는 「토지이용규제 기본법」 제5조 각 호에 따른 지역·지구등의 지정 내용과 그 지역·지구등에서의 행위제한 내용, 그리고 같은 법 시행령 제9조제4항에서 정하는 사항을 확인해 드리는 것으로서 지역·지구·구역 등의 명칭을 쓰는 모든 것을 확인해 드리는 것은 아닙니다.

2. 「토지이용규제 기본법」 제8조제2항 단서에 따라 지형도면을 작성·고시하지 않는 경우로서 「철도안전법」 제45조에 따른 철도보호지구, 「학교보건법」 제5조에 따른 학교환경위생 정화구역 등과 같이 별도의 지정 절차 없이 법령 또는 자치법규에 따라 지역·지구등의 범위가 직접 지정되는 경우에는 그 지역·지구등의 지정 여부를 확인해 드리지 못할 수 있습니다.

3. 「토지이용규제 기본법」 제8조제3항 단서에 따라 지역·지구등의 지정 시 지형도면등의 고시가 곤란한 경우로서 「토지이용규제 기본법 시행령」 제7조제4항 각 호에 해당되는 경우에는 그 지형도면등의 고시 전에 해당 지역·지구등의 지정 여부를 확인해 드리지 못합니다.

4. "확인도면"은 해당 필지에 지정된 지역·지구등의 지정 여부를 확인하기 위한 참고 도면으로서 법적 효력이 없고, 측량이나 그 밖의 목적으로 사용할 수 없습니다.

5. 지역·지구등에서의 행위제한 내용은 신청인의 편의를 도모하기 위하여 관계 법령 및 자치법규에 규정된 내용을 그대로 제공해 드리는 것으로서 신청인이 신청한 경우에만 제공되며, 신청 토지에 대하여 제공된 행위제한 내용 외의 모든 개발행위가 법적으로 보장되는 것은 아닙니다.

※지역·지구등에서의 행위제한 내용은 신청인이 확인을 신청한 경우에만 기재되며, 「국토의 계획 및 이용에 관한 법률」에 따른 지구단위계획구역에 해당하는 경우에는 담당 과를 방문하여 토지이용과 관련한 계획을 별도로 확인하셔야 합니다.

토지이용계획확인서

① 토지의 소재지와 지번이 나온다.

② 지목/면적 이 토지의 지목은 '대'이고 면적은 186.31㎡이다.

③ 국토의 계획 및 이용에 관한 법률에 따른 지역·지구 등이 토지가 속한 지역은 '제2종 일반주거지역'이다. 단독주택·공동주택·판매시설·의료시설·종교시설·교육연구시설 등을 지을 수 있다.

④ 다른 법령 등에 따른 지역·지구 등 국토법이 아닌 다른 법에 의한 규제가 표시된다. 이 지역은 가축사육이 제한되어 있으며, 대공방어 협조구역이고, 주거환경 정비구역이며 과밀억제권역이다.

⑤ 지적도의 축척이 쓰여 있다. 1/600 축척이면 지적도상 1cm가 6m 이다.

토지이용계획확인서를 열람하는 것은 왜 중요할까? 열람을 통해 확인해야 할 사항을 보자.

① 해당 토지의 고유한 성격과 관련된 기본적 정보(공법적 제한사항)를 알 수 있다.

토지이용계획확인서에는 해당 토지이용 시 각종 공법상 제한사항(토지의 이용 및 거래와 관련된 제한사항)이 기재되어 있다. 즉 용도지역, 용도지구, 용도구역, 도시계획시설, 지구단위계획구역, 개발행위제한, 건축행위제한, 군사시설, 농지, 산림, 자연공원, 수도, 하천, 문화재, 전원개발, 토지거래 등 각각의 사항에 대한 해당여부 및 관련 법규명이 기재되어 있다. 특히 건축물의 증·개축 가능 및 규제여부, 사용하고자 하는 목적대로 지속적 이용가능여부 등을 반드시 확인해둘 필요가 있다.

② 미래시점에서의 해당 토지의 경제적 가치(개발 후 경제적 가치)를 예측할 수 있는 기본적 정보를 알 수 있다. 미래시점에서의 해당 토지의 경제적 가치는 개발가능여부에 달려 있다고 해도 결코 과언이 아니다. 바로 그 개발가능여부를 예측할 수 있게 해주는 공부가 바로 토지이용계획확인서이다. 토지이용계획확인서에 기재되는 각종 기록들은 개발가능여부는 물론이고 건축물의 최고층수, 용적률, 건폐율, 최고고도, 도로로 기부채납 해야 할 부분, 상수원보호구역여부, 수몰지역여부, 도로·철도·공원 등 도시계획시설들의 계획여부, 하천 등의 인접여부 등 개발사업의 수익성에 직간접으로 영향을 주는 사항이므로 면밀한 검토가 필요하다.

③ 토지이용계획확인서상에는 도로가 없는 맹지이나 실제로는 관습도로가 존재하는지 여부를 파악해야 한다.

④ 토지이용계획확인서상의 기재 내용과 실제 현황과의 일치여부를 확인하기 위해 반드시 현장답사를 병행해야 한다.

⑤ 토지이용계획확인서 하단의 확인도면(약식 지적도)은 위쪽이 정북향, 아래쪽이 정남향이며 우측이 동향, 좌측이 서향이다. 통상적으로 대지의 북측에 도로가 연접해 있으면 좋은 토지라고 본다.

⑥ 토지이용계획확인서상의 내용에 의문사항이 있을 경우 반드시 해당 지자체에 관할 부서 도시계획과, 건축과, 지적과 등에 문의해서 확인해야 한다.

이상과 같이 토지이용계획확인서는 토지의 경제적 가치를 분석하는

데 최고로 유용한 서류이다. 반드시 확인하고 분석하는 자세를 지니자.

key point

토지이용계획확인서는 토지가 갖고 있는 기본적인 사항과 더불어 공법적 규제, 개발방향을 제시해주고 나아가 토지의 경제적 가치를 분석하는 데 필수적으로 확인해야 할 공적장부이다.

06

용도지역, 용도지구,
용도구역 구별하기

대부분의 일반인들은 용도지역, 용도지구, 용도구역이 무엇을 의미하는지 어렵게만 느껴질 것이다. 비슷한 단어여서 뜻도 비슷해 보인다. 땅의 용도는 개발가능성과 맞물려 부동산에서 굉장히 중요한 대목이 아닐 수 없다. 때문에 반드시 알고 있어야 한다.

1) 용도지역

– 토지(땅)의 이용과 건축물의 용도를 제한함으로 토지(땅)를 경제적 효율적으로 이용하고 공공복리증진을 위해 중복되지 아니하게 도시관리계획으로 결정한 지역.

– 이용계획은 건설교통부장관이 지정함.

－행위제한: 법령+조례

① 도시지역

인구와 산업이 밀집되어 있거나 밀집이 예상되어 당해지역에 대해 체계적인 개발정비, 관리정비 등이 필요한 지역.

A. 주거지역: 거주의 안녕과 건전한 생활환경의 보호를 위해 필요한 지역.

ⓐ 전용주거지역: 양호한 주거환경을 보호하기 위하여 필요한 지역.

가. 제1종 전용주거지역

　－단독주택 중심의 양호한 주거환경을 보호하기 위해 필요한 지역: 일반 음식점 용도의 건축물이 건축될 수 없고 다세대나 연립 건축이 조례에 따라 인정되는 지역이 있으나 아파트 건축은 불가능함.

나. 제2종 전용주거지역

　－공동주택 중심의 양호한 주거환경을 보호하기 위하여 필요한 지역: 일반 음식점 용도의 건축은 불가능하고 아파트 건축이 가능함.

▲APT 불가 용도지역에 APT를 건축할 수 있는 방법

　－시장, 군수가 2종 지구단위 계획지구로 지정해야만 가능하다.

　－민간인은 택지개발 촉진법으로 (10만 ㎡이상) 개발 계획지구로 지정 받아야 가능함(비도시 지역 포함).

ⓑ 일반주거지역: 편리한 주거환경을 조성하기 위하여 필요한 지역.

가. 제1종 일반주거지역

–저층주택을 중심으로 편리한 주거환경을 조성하기 위하여 필요한 지역: 제2종 근린생활시설이 가능하나 4층 이하의 건축물만 가능함으로 아파트 건축이 불가능함. 특히 정비구역이 지정된다 해도 재개발, 재건축은 현실적으로 어렵다. 저밀도 노후지역을 고밀도 신개발로 정비하는 정비사업자에 최대걸림돌이 제1종 일반주거지역의 층수제한 때문이다.

나. 제2종 일반주거지역

–중층주택(15층 이하)을 중심으로 편리한 주거환경을 조성하기 위하여 필요한 지역: 기반시설이 상대적으로 잘 확충되어 있어 좋은 투자처이고, 건축법상 일조 높이제한을 받지 않도록 북쪽으로 건축이 불가능한 도로, 공원 등을 까고 있는 대지의 경우 상가주택 등의 건축 시 수익성이 좋음.

다. 중고층 주택을 중심으로 편리한 주거환경을 조성하기 위한 지역 (층수 제한 없음)

–우량투자처, 대부분 기업의 아파트 시행부지로 조성되어 일반이 접하기 어렵지만 적정 부지를 매입하여 의료시설 내지 입시학원 용도의 건축물로 활용 시 수익성이 좋음.

라. 준주거지역

–주거기능위주+일부상업, 업무기능의 보완이 필요한 지역(주거지역 중 최고의 투자처), 주로 상업지역 인근의 주거지역 중 상업

적 수요에 비해 상업지 공급이 부족 시 인근 주거지역으로 지정하게 되는 이행지. 건축물 건축 시 다른 주거지역처럼 일조권 제한이 없으며 주상복합 아파트 등의 시행부지로 그 자체로 A급 투자처. 더욱이 인근상업지역의 성장세에 따라 상업지역으로 지정 가능성이 높은 지역.

B. 상업지역: 상업 그 밖의 업무의 편익증진을 위하여 필요한 지역
ⓐ 중심상업지역: 도심, 부도심의 상업 및 업무기능의 확충을 위하여 필요한 지역.
　-우량투자처이나 일반이 접하기는 가격이 높고 토지의 규모가 크다.
　택지개발지구나 신도의 신규택지를 분양받는다면 구입자금의 분납제도를 이용하여 구입 자금 부담을 줄일 수 있으며 노후 중심사업지역을 구입 후 지정신청 제도를 활용해볼 수도 있다.
　-핵심 상업 시설만 법률적으로 허용하는 지역
　▷핵심 상업시설: 중심상업지역에서만 집중적으로 허용하는 시설 5개
　판매시설(백화점, 쇼핑센터), 업무시설(사람집중시설), 문화집회시설, 숙박시설, 위락시설
　▷부수적 상업시설: 주거 외 모든 건축물, 축사, 창고, 병원시설, 학원, 청소년수련시설 등
　-거래회전율과 매매회전율이 비교적 거의 없다.

ⓑ 일반상업지역: 일반적인 상업 및 업무기능을 담당하게 하기 위하여 필요한 지역.

　-중심상업지역과 특성 면에서 비슷함.

　-집중상업시설과 의료, 창고시설까지 법률상 허용되는 지역.

ⓒ 근린상업지역: 근린지역에서의 일용품 및 서비스의 공급을 위해 필요한 지역.

　-근린상업지역의 투자의 척도는 인근 배후지의 거주인구와 소비 성향 등에 좌우됨. 타 상업지역과 달리 인근 주택단지에 인접한 상업지역으로 재화나 일용품을 공급하는 지역으로 주로 대형 유통마트 등이 인접하기 때문이다.

　-상업을 위주+주거허용

　▷상업시설 : 부수 상업시설 지역.

　▷주거시설: 상권 파괴의 영향이 없는 주거시설(상권보호 목적으로 아파트는 주상복합 형태로 연립, 다세대는 상가주택 형태로만 법률에서 허용되고, 순수한 APT는 조례에서 허용여부를 결정한다).

ⓓ 유통상업지역: 도시 내 지역 간 유통기능의 증진을 위하여 필요한 지역.

　-유통산업지역은 주로 가락동 농수산물시장, 출판문화단지, 화훼단지, 버스터미널, 기차역, 도·소매 시장 등

　-대부분 도시계획시설인 철도역사, 고속버스터미널 등과 상업적 시설이 혼용된 시설 부지.

　-개발계획을 적용하는 지역/ 필지별 행위규제 함.

－주거용 건축물은 건축 금지.

－인위적으로 조성한 전문화 상권지역: 상권 자체의 자생력이 없다.

－무늬만 상업지역으로서 주거지역 지가의 30% 수준.

－투자가치가 크지 않고 주로 판매시설과 창고만 허용됨.

▷땅값이 형성되지 않는 이유

－수요자가 특정되어 있는 상권: 시세형성이 안 됨.

－개발계획에 의해 용도가 지정되어 있다.

▷용도지역 중 주거용 건축물이 법률상 100% 금지되는 지역

－유통상업지역, 전용공업지역

C. 공업지역: 공업의 편익증진을 위하여 필요한 지역

ⓐ 전용공업지역: 주로 중화학공업, 공해성공업 등을 수용하기 위하여 필요한 지역.

－주거용 건축물 건축 금지.

－환경오염 공장이 몰려 있고 공해가 심한 지역으로 투자가치가 거의 없는 지역임.

－도시계획 구역 내에서 규제가 가장 많다.

ⓑ 일반공업지역: 환경을 저해하지 아니하는 공업의 배치를 위하여 필요한 지역.

－전용공업지역과 특성은 비슷함.

－공동주택 금지, 단독주택은 조례로 결정됨.

－투자가치 높지 않음.

ⓒ 준공업지역: 경공업 및 그밖의 공업을 수용하되 주거, 상업, 업무 기능의 보완이 필요한 지역.

　－공장 위주로 주거+상업이 복합되어 있는 지역.

　－공장: 저공해 공장, 일반 공장 허용.

　－주거: 단독+공동주택 (공해도에 따라 조례가 허용여부 판단)

　－상업: 부수 상업시설 중 공업지역에 어울리는 시설 허용(예: 병원, 학원, 고아원, 복지원 등).

　－숙박시설 건축 가능. 숙박시설이 건축 가능한 타 용도지역(상업지역, 계획관리지역)이더라도 교육과 주거 여건을 고려하여 건축허가가 거부될 수 있으나 준 공업지역의 경우 상대적으로 교육과 주거기능의 토지이용이 낮은 지역으로 숙박시설 건축에 장애가 없다.

　－주거지역으로 용도 이행될 지역은 투자성이 양호한 지역임.

D. 녹지지역: 자연환경, 농지 및 산림의 보호, 보건위생, 보안과 도시의 무질서한 확산을 방지하기 위하여 녹지의 보전이 필요한 지역.

ⓐ 보전녹지지역: 도시의 자연환경, 경관 산림 및 녹지공간을 보전할 필요가 있는 지역.

　－투자가치가 다소 떨어지는 지역임.

ⓑ 생산녹지지역: 주로 농업적 생산을 위해 개발을 유보할 필요가 있는 지역.

　－과거와 달리 쌀시장 개방으로 농지보전정책이 완화되어 최근 도

시개발 후보지의 지정이 가능하여 새로운 투자처이기도 하지만 농지법상 농업진흥지역이 지정된 경우 농지 법상행위제한을 받게 된다.

ⓒ 자연녹지지역: 도시의 녹지 공간 확보, 도시 확산의 방지, 장래 도시용지의 공급 등을 위하여 보전할 필요가 있는 지역으로 불가피한 경우에 한하여 제한적인 개발이 허용되는 지역.

－도시지역 내의 개발 후보지에 해당되며 많은 공개발 사업(도시개발사업 등)이 시행될 예정지이면서 도시기본계획상의 시가화 예정용지에 포함된 자연녹지지역은 투자가치가 높다.

② 관리지역

2003년 1월 1일에 신설된 용도지역, 구 준도시지역과 준농림지역의 무분별한 개발을 방지하고 체계적인 개발로 친환경적인 개발 및 내재가치 극대화 목적으로 규제가 강화된 지역임(구 준도시·준농림 지역: 건폐율 60%, 용적률 400%에서 신설 관리지역은 용적율이 200% 이하로 강화됨).

－도시지역의 인구와 산업을 수용하기 위하여 도시지역에 준하여 체계적으로 관리하거나 농림업의 진흥, 자연환경 또는 산림의 보전을 위하여 농림지역 또는 자연환경 보전지역에 준하여 관리가 필요한 지역.

A. 보전관리지역: 자연환경보호, 산림보호, 수질오염방지, 녹지공간 확보 및 생태계 보전 등을 위하여 보전이 필요하나, 주변의 용도지역

과의 관계 등을 고려할 때 자연환경보전지역으로 지정하여 관리하기가 곤란한 지역.

　－일반인이 투자처로서 투자하기 부적합 지역임.

　B. 생산관리지역: 농업, 임업, 어업생산 등을 위하여 관리가 필요하나, 주변의 용도지역과 관계 등을 고려할 때 농림지역으로 지정하여 관리하기가 곤란한 지역.

　－농지법상 농업진흥지역이 지정된 경우 농지법상 행위제한을 받게 되며 농업용수가 흐르는 지역은 개발행위허가를 받기가 어렵다.

　C. 계획관리지역: 도시지역으로의 편입이 예상되는 지역 또는 자연환경을 고려하여 제한적인 이용, 개발을 하려는 지역으로서 계획적인·체계적인 관리가 필요한 지역.

　－비도시 지역 중 가장 우량한 투자처이다. 지구단위계획을 통하여 아파트의 건축이 가능하며 공장의 건축도 가능하다.

　－자연녹지가 도시지역의 개발후보지라면 비도시지역의 개발후보지는 계획관리지역이다.

③농림지역

　도시지역에 속하지 아니하는 농지법에 의한 농업진흥지역 또는 산림법에 의한 보전임지 등으로서 농림업의 진흥과 산림의 보전을 위하여 필요한 지역.

④자연환경보전지역

자연환경, 수자원, 생태계, 상수원 및 문화재의 보전과 수산자원의
보호, 육성 등을 위하여 필요한 지역.

－악성 투자처.

2) 용도지구

① 용도지구의 내용

－용도지구라 함은 토지의 이용 및 건축물의 용도·건폐율·용적률·높
  이 등에 대한 용도지역의 제한을 강화 또는 완화하여 적용함으로
  써 용도지역의 기능을 증진시키고 미관·경관·안전 등을 도모하기
  위하여 도시관리계획으로 결정하는 지역을 말한다.

② 용도지구의 지정

－건설교통부장관 또는 시·도지사는 용도지구의 지정 또는 변경을
  도시관리계획으로 결정한다.

③ 용도지구의 세분

구분	용도지구의 세분	
	구분	내용
경관 지구	자연경관지구	산지, 구릉지 등 자연경관의 보호 또는 도시의 자연 풍치를 유지하기 위하여 필요한 지구
	수변경관지구	지역 내 주요 수계의 수변 자연경관을 보호·유지하기 위하여 필요한 지구
	시가지경관지구	주거지역의 양호한 환경조성과 시가지 도시경관을 보호하기 위하여 필요한 지구
미관 지구	중심미관지구	토지의 이용도가 높은 지역의 미관을 유지·관리하기 위하여 필요한 지구
	역사문화미관지구	문화재와 문화적으로 보전가치가 큰 건축물의 등의 미관을 유지·관리하기 위하여 필요한 지구
	일반미관지구	기타 일반지역으로서의 미관을 유지·관리하기 위하여 필요한 지구
고도 지구	최고고도지구	환경과 경관을 보호하고 과밀방지를 위하여 건축물높이의 최고한도를 정할 필요가 있는 지구
	최저고도지구	토지이용을 고도화하고 경관을 보호하기 위하여 건축물 높이의 최저한도를 정할 필요가 있는 지구
보존 지구	문화자원보존지구	문화재, 전통사찰 등 역사·문화적으로 보존가치가 큰 시설 및 지역의 보호 및 보존을 위하여 필요한 지구
	중요시설물보존지구	국방상 또는 안보상 중요한 시설물의 보호와 보존을 위하여 필요한 지구
	생태계보존지구	야생동식물서식처 등 생태적으로 보존가치가 큰 지역의 보호와 보존을 위하여 필요한 지구
시설 보호지구	학교시설보호지구	학교의 교육환경을 보호·유지하기 위하여 필요한 지구
	공용시설보호지구	공용시설을 보호하고 공공업무기능을 효율화하기 위하여 필요한 지구
	항만시설보호지구	항만기능을 효율화하고 항만시설의 관리·운영을 위하여 필요한 지구
	공항시설보호지구	공항시설의 보호와 항공기의 관리·운영을 위하여 필요한 지구
취락 지구	자연취락지구	녹지지역, 관리지역, 농림지역 또는 자연환경보전지역 안의 취락을 정비하기 위하여 필요한 지구
	집단취락지구	개발제한구역 안의 취락을 정비하기 위하여 필요한 지구
개발 진흥지구	주거개발진흥지구	주거기능을 중심으로 개발·정비할 필요가 있는 지구
	산업개발진흥지구	공업기능을 중심으로 개발·정비할 필요가 있는 지구
	유통개발진흥지구	상업, 유통, 물류기능을 중심으로 개발·정비할 필요가 있는 지구
	관광휴양개발진흥지구	관광·휴양기능을 중심으로 개발·정비할 필요가 있는 지구
	복합개발진흥지구	주거, 산업, 유통, 관광, 휴양 등 2개 이상의 기능을 중심으로 개발·정비할 필요가 있는 지구
	특정개발진흥지구	주거기능, 공업기능, 유통·물류기능 및 관광·휴양기능 외의 기능을 중심으로 특정한 목적을 위하여 개발·정비할 지구

3) 용도구역

① 용도구역의 내용

용도구역이라 함은 토지의 이용 및 건축물의 용도, 건폐율, 용적률, 높이 등에 대한 용도지역 및 용도지구의 제한을 강화 또는 완화를 따로 정함으로써 시가지의 무질서한 확산방지, 계획적이고 단계적인 토지이용의 도모, 토지이용의 종합적 조정·관리 등을 위하여 도시관리계획으로 결정하는 지역(조례로 제한하는 것이 아니므로 전 국토에 동일한 조건으로 행위제한 함).

② 용도구역의 지정

구분	내용
개발제한구역	건설교통부장관은 도시의 무질서한 확산을 방지하고 도시 주변의 자연환경을 보전하여 도시민의 건전한 생활환경을 확보하기 위하여 도시의 개발을 제한할 필요가 있거나 국방부장관의 요청이 있어 보안상 도시의 개발을 제한할 필요가 있다고 인정되는 경우에는 개발제한구역의 지정 또는 변경을 도시관리계획으로 결정할 수 있다.
도시자연공원구역	시·도지사는 도시의 자연환경 및 경관을 보호하고 도시민에게 건전한 여가 휴식공간을 제공하기 위하여 도시지역 안의 식생이 양호한 산지의 개발을 제한할 필요가 있다고 인정하는 경우에는 도시자원공원구역의 지정 또는 변경을 도시관리계획으로 결정할 수 있다.
시가화조정구역	건설교통부장관은 직접 또는 관계 행정기관의 장의 요청을 받아 도시지역과 그 주변지역의 무질서한 시가화를 방지하고 계획적·단계적인 개발을 도모하기 위하여 일정기간 동안 시가화를 유보할 필요가 있다고 인정되는 경우에는 시가화조정구역의 지정 또는 변경을 도시관리계획으로 결정할 수 있다.
수산자원보호구역	해양수산부장관은 직접 또는 관계 행정기관의 장의 요청을 받아 수산자원의 보호, 육성을 위하여 필요한 공유수면이나 그에 인접된 토지에 대한 수산자원보호구역의 지정 또는 변경을 도시관리계획으로 결정할 수 있다.

▲도시계획시설: 기반시설 중에서 도시관리계획으로 결정된 시설 (예: 도로, 공원, 시설녹지 등).

▷저촉: 해당 도시계획에 대상토지의 일부가 포함되는 경우.

▷접함: 대상 토지가 해당계획의 경계에 붙어 있는 경우로 해당토지에는 계획이 침범되지 아니한 경우.

▷완충녹지지역: 녹지를 기능에 따라 세분한 것의 하나로 대기오염, 소음, 진동, 악취 기타 이에 준하는 공해와 각종사고나 자연재해 기타 이에 준하는 재해 등의 방지를 위하여 설치하는 녹지지역.

▷시설녹지지역: 도시계획구역 내에서 도시의 자연환경을 보전하거나 개선하고 공해나 재해방지를 통하여 양호한 도시경관의 향상을 위해 지정한 용도지역이며 시설녹지로 결정되면 건축법상의 용도지역은 아니며 주로 철도, 도로 등의 연도에서 10~20m 내에서 지정된다.

▷경관녹지지역: 녹지의 기능 분류 중 하나로 도시자연환경을 보전하거나 이를 개선함으로서 도시의 경관을 향상시키기 위해 지정하며 주로 도시경관이 양호한 지역에서 지정한다.

key point

용도지역, 용도지구, 용도구역을 쉽게 구분하는 부동산 투자자들은 의외로 많지 않다. 본인이 투자하는 땅에 무엇이 되고 무엇을 건축할 수 있는가의 법적 규제사항을 파악할 수 있는 용어이기 때문에 숙지를 잘해야 한다.

07

지구단위계획,
정확히 파악하자

1) 지구단위계획의 의미

도시계획 수립 대상지역의 일부에 대하여 토지 이용을 합리화하고 그 기능을 증진시키며 미관을 개선하고 양호한 환경을 확보하며, 그 지역을 체계적·계획적으로 관리하기 위하여 수립하는 도시관리계획을 말한다. 지구단위계획은 유사한 제도의 중복 운영에 따른 혼선과 불편을 해소하기 위하여 종전의 도시계획법에 의한 상세계획과 건축법에 의한 도시설계제도를 도시계획체계로 흡수·통합한 것이며, 이 중 제2종 지구단위계획은 비도시지역의 난개발 문제를 해소하고 계획적이고 체계적으로 관리하기 위하여 국토이용관리법과 도시계획법을 국토의 계획 및 이용에 관한 법률로 통합하면서 도입한 제도다. 지구단위계획은 기반시설의 배치와 규모, 가구 및 획지의 규모와 조성계획, 건축물의 용도, 건폐율, 용적률, 높이, 교통처리계획 등의 내용을 포함하여 수립한다. 지구단위계획구역에서 대지면적의 일부를 도로, 공원 등 공공시설 부지로 제공(기부채납하거나 공공시설로 귀속하는 경우 포함)하면 건축법에 따른 공개공지 또는 공개공간의 의무면적을 초과하여 설치한 경우 등은 지구단위계획으로 해당 대지의 건축물 건폐율, 용적률, 높이를 완화하여 적용할 수 있다. 지구단위계획은 도시관리계획으로 결정하며 지정목적과 수립 대상지역에 따라 제1종 지구단위계획과 제2종 지구단위계획으로 구분한다.

2) 지구단위계획의 수립절차

그린벨트 해제지역, 공장 이적지, 시장 등 대규모 시설 이적지와 재건축단지, 도시개발사업이나 재개발사업지 등은 지구단위계획을 수립해서 추진해야 한다.

지구단위계획은 지구단위계획 구역을 먼저 지정하고, 그다음에 지구단위계획을 수립하게 된다. 지구단위계획은 원칙적으로 구청장 또는 시장, 해당구역 토지면적의 80% 이상 주민이 동의하면 입안이 가능하며 구·시 도시계획위원회 심의를 거쳐 최종적으로는 시장이 결정하게 된다. 일단 구역이 지정되면 3년 이내에 그 구역에 대한 장래의 개발 또는 관리계획을 수립해야 하며, 이후 지구단위계획 구역 안에서 건축물을 건축하거나 건축물의 용도를 변경하고자 하는 경우에는 그 지구단위계획에 적합하게 건축하거나 용도를 변경해야 한다.

3) 지정대상지역

-도시개발구역, 정비구역(재건축, 재개발, 도시환경정비사업, 주거환경 개선사업, 택지개발예정지구, 대지조성사업지구, 산업단지, 농공단지, 관광특구 등)

-용도지역, 지구의 세분화, 변경 사항

-기반시설의 배치와 규모에 관한 사항

-토지의 규모와 조성 계획

-건축물의 용도, 건폐율, 용적률, 높이 등

-건축물의 배치, 형태, 색채, 건축선 등

-환경관리 계획, 경관계획

-교통처리 계획 등

-2014년 4월 1종, 2종 없어지고 지구단위계획으로 통합

-지구단위 계획구역이 조례보다 우선

-개발제한구역, 도시자연공원, 시가화조정구역, 공원해제되는 구역
→ 계획적인 개발, 관리가 필요한 지역

-도시, 군 관리계획으로 결정→ 지구단위 계획구역 지정→ 계획수립

-도시지역, 비도시 지역 가능

▲재개발→개발(일정지역의 도시개발)
   →주택신축, 도시경관, 환경재정비→지역공공사업

▲재건축→주택 (정비사업)
   →소유주가 조합구성→민간주택사업

재개발, 재건축이 주택 우선이라면 지구단위 계획구역은 계획적인 관리를 위주로 한다.

4) 지정목적

-토지이용의 합리화와 그 기능의 증진

-미관의 개선 및 양호한 환경의 확보

-당해지역을 체계적·계획적으로 관리

5) 구분

구 분	계획의 내용
제1종지구단위계획	토지이용을 합리화·구체화하고, 도시 또는 농·산·어촌의 기능의 증진, 미관의 개선 및 양호한 환경을 확보하기 위하여 수립하는 계획
제2종지구단위계획	계획관리지역 또는 개발진흥지구를 체계적·계획적으로 개발 또는 관리하기 위하여 용도지역의 건축물 그 밖의 시설의 용도, 종류 및 규모 등에 대한 제한을 완화하거나 건폐율 또는 용적률을 완화하여 수립하는 계획

*지구단위계획이 설정되면 기존의 용도지역, 용도지구 개념을 모두 무시하고 지구단위계획이 우선시 적용됨.

■ **지구단위계획구역 및 계획 결정(변경) 절차도**

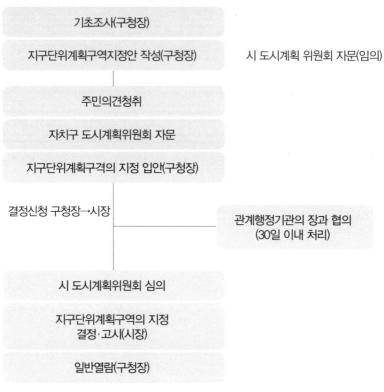

기초조사(구청장)

지구단위계획구역지정안 작성(구청장)　　　시 도시계획 위원회 자문(임의)

주민의견청취

자치구 도시계획위원회 자문

지구단위계획구격의 지정 입안(구청장)

결정신청 구청장→시장　　　　　관계행정기관의 장과 협의
　　　　　　　　　　　　　　　(30일 이내 처리)

시 도시계획위원회 심의

지구단위계획구역의 지정
결정·고시(시장)

일반열람(구청장)

※결정 공시가 있는 날로 부터 5일 후 효력발생

■ **토지이용계획과 건축물계획의 조화로 지구단위계획 수립**

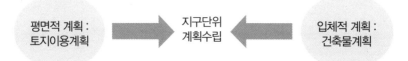

평면적 계획 :
토지이용계획　　　→　　　지구단위
　　　　　　　　　　　　계획수립　　　←　　　입체적 계획 :
　　　　　　　　　　　　　　　　　　　　　　　건축물계획

서울시 송파구 삼전동 사거리 지구단위계획구역

위의 그림에서는 서울시 송파구 삼전동 삼전사거리 일대가 제1종 지구단위계획구역으로 지정된 모양을 볼 수 있다. 점선 안의 지역을 지구단위계획으로 지정하여 도심의 난개발을 방지하고 체계적인 개발을 유도하고 있다.

결론적으로 지구단위계획은 체계적인 도시의 계획, 관리를 위해 지정하는 것이다.

−용적률, 층고, 규모, 공개공지, 보행통로 등

−건물의 형태, 재료, 식감, 간판 등도 규제 가능

−면적기준: 도시지역−제한 없음, 비도시지역−최소면적 30,000㎡(개
발된 보전관리 지역 50% 가능)

·장점: 계획적인 도시개발 관리가 용이하고 기능과 미관이 증진된다.

·단점: 획일적이고 건축물로 각각의 공간의 특징 및 개성표출이 어
렵고 재산권 행사가 어렵다. 또한 한 번 지장되면 변경이 거의
불가능한 것도 단점이다.

key point

지구단위계획은 도시의 무분별한 개발을 방지하고 계획적인 도시
개발을 위하여 지정된다. 도시의 기능과 미관을 증진시키는 장점이
있는 반면 각 토지소유자의 재산권행사가 어렵고 각각의 공간 특성
및 개성을 살릴 수 있는 건축물을 기대하기 어렵다는 단점이 있다.

08

수익률과 공실률,
정확히 알고 이해하자

서울시 강동구 둔촌동에 거주하는 박진성(53세) 씨는 '수익률 10% 보장'이라는 어느 부동산컨설팅업체의 말만 믿고, 투자금 2억 원을 내고 분양형 호텔을 분양받았다. 우여곡절 끝에 공사를 마친 뒤 준공이 되어 달콤한 임대수익을 기다리고 있었다. 그런데 막상 기대하는 임대수익은 안 들어오고, 발생하는 관리비 및 각종 공과금을 오히려 부담해야 하는 것을 알고 뒤늦게 후회하고 있다. 수익률 보장이라는 업체의 말을 그대로 믿은 것도 잘못이지만, 수익률이 어떻게 계산되는지 전혀 생각해보지도 않았던 것이다.

부동산이든 아니든 무엇인가에 투자한 사람들은 투자수익률이 좋네 안 좋네 말들이 많을 것이고 수익형부동산에 투자한 사람들은 공실 때문에 수익이 나오지 않는다는 푸념을 한 번쯤은 해봤을 것이다. 수익형부동산에 투자할 때 그 목표는 높은 임대수익률일 것이다. 임대수익률은 말 그대로 임대해서 받는 수익이 투자금액 대비 얼마나 될지 나타내는 지표다. 흔히 투자의사결정을 할 때 기본적인 지표로 사용하고 있다. 그런데 의외로 임대수익률을 이해하지 못하고 심지어 계산하는 방법도 모르는 투자자들이 많은 것 같다.

1) 수익률

개념부터 이해하고 넘어가자. 부동산을 취득하는 목적은 첫째, 주거를 하기 위해서 둘째, 사업을 하기 위해서다. 셋째는 재테크의 수단으로 부동산을 취득한다. 재테크 수단으로 부동산을 매입할 경우 매각할 때 양도차익을 올리거나 보유하면서 임대수익을 올리는 두 가지 방법을 사용한다. 양도차익을 얻으려면 특별한 호재가 있는 정보를 남들보다 빨리 알아야 하는데 이는 쉽지 않다. 임대수익을 생각하고 부동산을 매입한다면 금리가 바닥인 지금이 가장 적당한 시기일 것이다. 금리가 낮을 때 부동산의 수익률은 높아질 가능성이 많다.

수익형부동산의 하나인 오피스텔을 매수했다고 가정하고 임대수익률을 계산해보자. 대출을 받지 않은 경우의 임대수익률 계산과 대출을 받은 경우의 임대수익률을 따져보자.

① 대출을 받지 않은 경우의 임대수익률 계산

매매가는 1억8천만 원이며 임대보증금은 2천만 원에 월 80만 원이 나오고 대출은 없을 경우 임대수익률을 계산해보자.

$$임대수익률 = \frac{800,000 \times 12}{180,000,000 - 20,000,000} \times 100 = 6\%$$

② 대출을 받았을 경우의 임대수익률 계산

매매가는 1억8천만 원이며 임대보증금은 2천만 원에 월 80만 원이 나오고 대출은 1억 원에 금리는 연 3.5%로 받았을 경우 임대수익률을 계산해보자.

$$임대수익률 = \frac{(800,000 \times 12) - 3,500,000}{180,000,000 - 20,000,000 - 100,000,000} \times 100 = 10.16\%$$

실무적으로 이러한 구조로 수익형부동산에 대한 수익률을 분석한다. 통상 부동산을 최초로 구입할 당시에 투입된 취득세와 중개보수료는 계산하지 않는 것이 일반적이나 투자자 입장에서 보면 보수적으로 그 부분까지 취득비용을 잡고서 계산하는 것도 나쁘지 않다.

대출이 없을 경우와 대출이 있을 경우 수익률 차이가 약 4% 정도 나는데, 대출금리가 저렴한 시기에는 훨씬 더 많은 투자수익률이 달성될 것이고, 금리가 오른다면 수익률에는 반대로 악영향을 미치는 것이다.

그래서 저금리시대에는 대출을 이용하여 수익형부동산 투자러시가 이어지게 된다.

수익형부동산 투자를 검토할 때 임대수익률은 투자의 의사결정을 하는 핵심이다. 그러나 임대수익률을 정확하게 계산하기는 어렵다. 기존 상가들은 이미 임대가 맞춰져 있을 터이니 계산기를 두드리면 수익률을 정확하게 계산할 수 있지만, 신규 상가에 대한 임대수익률은 미래 시점을 예상해서 나오는 수익률일 뿐이다. 여기서 계산되는 수익률은 사실상 세전 수익률이다. 상가를 매입·보유하면서 발생하는 기타 비용을 고려하지 않은 수익률이다.

2) 공실률

서울시 강북구 미아동의 조현성(57) 씨는 2016년 2월경에 서울시 서초구 서초동에 있는 4층 중소형 꼬마빌딩을 30억 원에 구입했다. 본인 자금과 임대보증금을 제외하고 나머지는 은행 대출을 이용했다. 대출 금액은 15억 원이었으며, 대출 금리는 연 3.5%로 월 437만 원이 나가는 데 부담은 없었다. 왜냐하면 대출 금리가 워낙 낮은 데다 본인의 빌딩에 세 들어 있는 고급 한식음식점이 임대료가 상당했기 때문이다. 장사도 잘되는 덕분에 임대료가 연체되는 경우는 한 번도 연체되는 일이 없었다. 하지만 시대적 흐름은 어찌할 수 없는 것 같다. 최근 손님들의 발걸음이 뜸해지기 시작하면서 임대료가 밀리기 시작했던 것이다. 바로

■ **수익률과 공실률과의 관계**

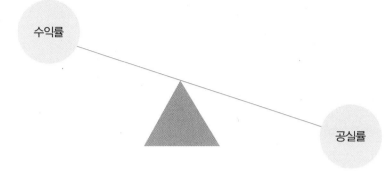

부정청탁 및 금품 등 수수의 금지에 관한 법률 일명 '김영란법'의 여파가 밀려온 것이다. 임차인들은 장사하기 어렵다고 임대료를 낮춰달라고 요구하기 시작했다. 임대료로 이자 등을 상쇄해야 하는 상황에서 그리 간단하게 해결될 문제는 아닌 것 같다. 임대료를 안 내려주자니 식당이 문을 닫아 공실이 발생할 것도 같다.

수익형 부동산투자의 가장 큰 리스크는 공실인데 꼬마빌딩의 소유주 대부분은 개인이기 때문에 자금력이 충분하지 않다. 대부분 대출을 많이 안고서 레버리지 효과를 기대했을 것이다. 공실이 생기면 임대수익률이 현저하게 떨어지고 급기야는 금융비용을 충당하지 못하는 상황까지도 발생할 수 있다.

꼬마빌딩의 공실 리스크는 앞으로 더 확대될 공산이 크다. 지난 3~4년간 강남 일대에 중소형 건물 신축이 급증하면서 공급과잉 시그널이 나타났기 때문이다. 저렴한 임대료를 앞세운 지식산업센터가 늘어난

점도 불안요소이다. 또 다른 수익형부동산인 상가 역시 처지가 비슷하다. 도심 상권을 중심으로 고급식당의 '급 임대물건'이 쏟아져 나오고 있는데 이들 고급식당의 매물들은 대부분 권리금마저 받지 않는 추세다. 아무래도 업종 전망이 밝지 않다 보니 빨리 정리하고 싶다는 의미다.

이처럼 수익형부동산은 공실이 가장 치명적인 약점이다. 공실률이 높으면 그 어떤 부동산도 좋은 평가를 받을 수 없다. 요즘 유행하는 갭투자도 공실이 있으면 쉽게 할 수도 없을뿐더러 안정적인 임대수익을 기대할 수 없다.

수익형부동산의 가장 큰 목적은 임대수익이 충분히 또한 꾸준히 나오고 더불어 차익을 실현시키는 것이다. 그러기 위한 기본적인 요건들은 다음과 같다.

▲수익형부동산 수익률 높이는 기본 조건
① 역세권 주변 지역
② 사통팔달의 교통망
③ 수요가 많은 지역(직장인, 학생 등)
④ 쾌적한 주거 환경, 녹지, 공원시설 등
⑤ 생활편의시설이 풍부(병원, 문화시설, 백화점 등)

▲차익형부동산 수익률 높이는 기본 조건
① 새로운 교통시설이 생기는 곳(철도, 도로)

② 용도가 바뀌는 지역

　　가. 도시: 종 상향(2종~3종) (3종~준주거지) (준주거지~상업지)

　　나. 비도시: (농림~관리) 보존관리-계획관리, 도시계획 입안지역 등

③ 규제가 완화(도로사선제한, 그린벨트) 등

④ 기업체 학교 등 들어서는 지역

⑤ 개발계획이 있는 지역

서울의 경우 재건축, 재개발 예정 지역과 같은 곳들은 수익형은 물론 차익실현을 기대할 수 있다. 부동산 가치가 상승하면 기대가 높아지고, 자산가치가 올라가면서 수익률이 상승되는 것이다. 이 모든 요건들은 거의 입지에 관한 모범적인 해석이며 개별 부동산의 수익률에 대한 해석은 아니다.

비슷한 위치, 비슷한 평수의 부동산에 대한 개별적인 자산, 가치에 대한 이야기를 해보자. 결제 이전 수익과 차익 실천에 대해 짚어보면 저 바탕 속엔 공실을 줄이고자 하는 기본이 있다.

공실이란 건물에서 임대가 되지 않고 비어 있는 것을 말하며, 공실률은 그 값을 100으로 곱한 것이다. 공실률이 높다는 건 비어 있는 기간이 길다는 이야기다.

-공가율(필요공가율): 주택의 유통을 원활히 하기 위해 합리적으로 비어 있는 주택.

이삿날, 서로의 이주 시기 등으로 일정 기간 비는 기간을 말하며, 건물 보수 등의 시일이 필요하다.

(예) 1년 12개월 중 4개월 공실일 경우: $4/12 \times 100 = 33.3\%$

　　　1년 12개월 중 2개월 공실일 경우: $2/12 \times 100 = 16.6\%$

만약 공실이 4개월 동안 계속될 경우 임대료가 그만큼 안 들어올 뿐 아니라 관리비의 추가지출, 연체이자 발생 등 타격이 크다. 공실을 없애는 것이 얼마나 중요한지 알 수 있다.

> key point
>
> 수익률과 공실률은 반비례관계에 있다. 수익률이 높으려면 공실률이 낮아야 하고 반대로 공실률이 높으면 수익률은 줄어들게 된다. 수익형부동산에서 수익률은 투자의 결정의 최대 결정요인으로 작용한다.

09

공지란 무엇이고
어떻게 활용하는가?

건물이 세워지지 않은 미이용 토지의 구획이다. 다시 말하면 건축법 상의 건폐율·용적률 제한 때문에 한 필지 내에 건물을 꽉 채워서 건축하지 않고 남겨둔 토지를 말한다.

건폐율이란 대지면적에 대한 건축면적의 비율을 말한다. 건폐율을 규제하는 목적은 대지 안에 최소한의 공지를 확보함으로써 건축물의 과밀을 방지하여 일조, 채광, 통풍 등 위생적인 환경을 조성하고자 하는 것이다. 아울러 화재 기타의 재해 발생 시에 연소의 차단이나 소화, 피난 등에 필요한 공간을 확보하는 데 목적이 있다.

건폐율이 클수록 대지면적에 비해 건축면적의 비율이 높아진다. 즉 건폐율이 클수록 건물을 넓게 지을 수 있다. 그만큼 대지를 효율적으로 이용할 수 있으므로, 건폐율은 토지의 가격에 직접적인 영향을 미친다.

건폐율이 높은 토지가 건폐율이 낮은 토지에 비해 가격이 높다. 또한 건폐율은 용도지역에 따라서 크기가 달라진다.

공개공지란 무엇인가?

서울시 송파구 잠실동에 거주하는 박형근(55세) 씨는 최근 송파구로부터 과태료처분 예고통지서를 받고 깜짝 놀라지 않을 수 없었다. 그 대상물은 2015년도에 새로 시작한 석촌호수변의 카페이다. 박 씨는 석촌호수 산책로와 더불어 제2롯데월드 완공에 따른 후광효과를 바라보고 그동안 모아둔 종잣돈 5억 원을 투자해서 과감하게 신규로 오픈했다. 그동안 짭짤하게 운영되어왔다. 그런데 갑자기 야외 테라스 좌석을 모두 철거하게 됐다.

구청 직원들이 방문해 1층 야외 테라스 테이블을 일주일 안에 치우지 않으면 벌금을 부과한다고 경고한 것이다. 박 씨가 운영하는 프랜차이즈 카페 야외 테라스에는 10여 개의 테이블이 있고, 이 테이블들은 난간으로 외부와 격리돼 있다. 긴급 차량이 지나거나 시민의 휴식공간으

단속대상이 된 카페의 테라스 좌석

로 사용해야 하는 곳에 야외 좌석을 설치한 카페는 단속 대상이다. 또한 허가받은 영업면적을 초과해 영업하는 가게 등도 단속대상이 되기도 한다.

　박 씨는 영업신고 된 면적을 넘어 영업하거나 건축후퇴선 또는 공개공지 등에 테이블을 놓고 영업하는 것이 위법인 사실도 몰랐다. 관행적으로 해왔기에 아무런 문제가 없을 것으로 알고 영업을 계속해왔던 것이다. 건축법상 사유지라고 해도 건축후퇴선과 공개공지는 임의로 사용할 수 없다. 건축후퇴선은 긴급차량 통행을 위한 도로와 건물 사이 최소한의 공간이다.

　건물주나 임차인 등이 위법 사실 자체를 모르는 경우가 있어 갑작스러울 수도 있다는 점은 송파구청도 인정했다. 3차경고 후에도 개선되지 않으면 최고 영업정지 7일의 행정처분을 내린다고 한다. 박 씨는 인도를 침범한 것도 아니고 건물에 붙은 장소에서 영업하는데, 갑자기 다 철거하라고 하느냐며 하소연한다. 유럽 등에서는 좁은 길에 야외 좌석 등을 놓고 커피를 마시는 것이 일상이라며 보행에 심각하게 지장을 주지 않으면 유연하게 법을 적용하면 좋겠다는 속내도 이야기했다. 하지만 법적인 규제사항을 따를 수밖에 없는 처지라 박 씨는 영업 매출에 지대한 영향을 미치는 테라스 시설물을 철거해야 했다.

1) 공개공지의 의미

건축법은 일반주거지역, 준주거지역, 상업지역, 준공업지역 등의 지역에서는 그 환경을 쾌적하게 조성하기 위하여 다음의 시설을 건축하는 경우 소규모 휴식시설 등의 일정한 개방된 공간을 건축부지 내에 설치하도록 규정하고 있다. 이 공간을 공개공지라고 한다.

① 연면적의 합계가 5,000m² 이상인 문화 및 집회시설, 종교시설, 판매시설, 운수시설, 업무시설 및 숙박시설
② 그밖에 다중이 이용하는 시설로서 건축조례로 정하는 건축물
공개공지의 범위는 대지면적의 1/10 이하이며 그 시설기준 등에 대한 것은 건축조례를 따르고, 공개공지를 의무면적 이상 설치하는 등 공공에 기여하는 경우에는 규정에 따라 건축물의 용적률과 높이제한 등을 완화할 수 있다.

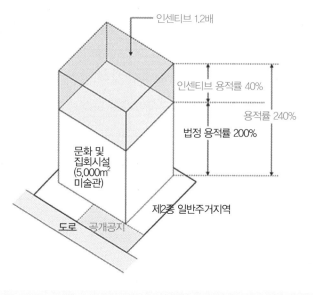

인센티브 1.2배

인센티브 용적률 40%

용적률 240%

법정 용적률 200%

문화 및
집회시설
(5,000m²
미술관)

제2종 일반주거지역

도로 공개공지

공개공지의 활용 예

2) 공개공지의 활용

도심지 땅은 극히 일부를 제외하고 사유지일 수밖에 없다. 개인의 재산이지만 일정규모 이상의 건축물을 올릴 때는 건축법이나 시행령에 의해 공개공지라고 하는 개방된 공간을 만들고 관리해야 한다. 대신 용적률을 일정부분(1.2배 이하) 높여주는 혜택을 가져갈 수는 있으니 토지 소유주 입장에서 무조건 손해인 것은 아니다.

문제는 시민들의 쾌적한 휴식공간을 위해 좋은 취지로 만들어졌지만 건축허가를 받을 때 각종 혜택은 다 챙기고 공개공지를 제대로 이행하지 않는 경우가 자주 발생되곤 한다는 것이다. 지나다니는 시민 누구에게나 눈에 띄고, 제한 없이 이용할 수 있어야 하는데도, 입구가 폐쇄되어 있거나 건물 관계자의 주차장 용도, 해당 건축물 입점상가의 불법 확장영업 등의 목적으로 묶인되거나 조장되는 경우가 많다.

쾌적한 도시를 만들자는 취지에서 도입된 좋은 제도인 만큼, 각종 인센티브의 제공을 통한 자발적 동참을 유도하여 더 많은 공개공지를 활성화시키는 것도 중요하지만, 만들어진 부지를 관리·감독할 수 있는 시스템을 구축하여 본래 의미대로 시민들에게 환영받는 제도로 정착하길 바란다.

key point

공개공지란 개념이 생소할 것이다. 내 땅의 일부를 개방된 공간으로 제공해주고 반대로 용적률을 높여주는 혜택을 받을 수 있는 것으로, 잘만 활용하면 재산적 가치를 증진시키는 데 도움이 된다.

11

베란다, 발코니, 테라스
구분하기

   베란다를 확장하고 나서 '불법 건축은 아니겠지?' 고민하는 서울 강동구 암사동에 거주하는 이주영(52세) 씨는 주변사람들에게 물어봐도 시원한 답을 얻지 못했다. 일반인들은 무엇이 불법이고 합법인지는커녕 베란다와 발코니조차 구별하지 못하는 게 다반사다.

   이제 공부해보자. 베란다(Veranda), 발코니(Balcony), 테라스(Terrace)의 차이점을 잘 모르는 사람이 많다. 부동산을 전문으로 취급하는 공인중개사들도 때론 헷갈리는 경우가 많은데, 모두 비슷하게 생각해서 대충 아무 단어나 사용하고는 한다. 그러나 구분해서 사용해야 하고 그에 따르는 법적 제한도 있다는 점을 명심해야 한다. 베란다와 발코니의 구분법은 공간이 어떻게 해서 생겨났는지와, 법적으로 확장하는 것이 가능한지의 여부로 구분하면 된다. 발코니와 테라스 구분법은 크기이다.

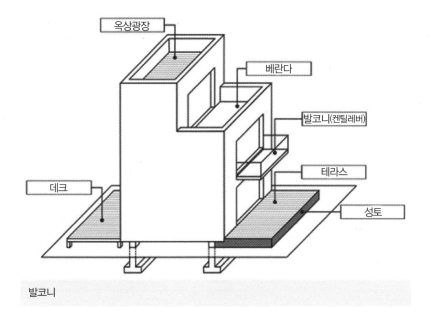

발코니

테라스는 항상 완전히 개방된 공간이지만, 발코니는 그렇지 않다.

① 베란다(Veranda)

주택에서 위층의 주거공간이 아래층보다 면적이 작을 경우에 생기는
공간이다. 2층짜리 단독주택에서 쉽게 볼 수 있는데, 베란다를 확장하
는 것이 불법이다.

② 발코니(Balcony)

아파트의 실외공간을 베란다라고 많이 부르는데, 대부분의 아파트는
발코니로 부르는 것이 맞다. 발코니는 주거공간을 조금 더 넓히기 위해

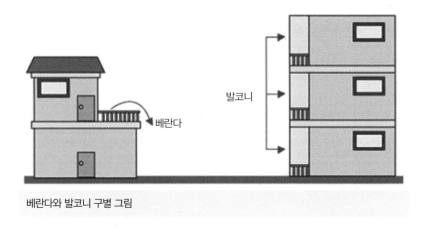

베란다와 발코니 구별 그림

바깥으로 돌출시켜서 만드는 공간이다. 우리나라는 대부분 돌출되기보다는 거실에 붙어 있어 확장하여 사용하는 경우가 많다.

③ 테라스(Terrace)

주거공간에서 바로 통하는 정원처럼 만들어진 공간이다. 거실이나 주방과 바로 통해야 하고, 대부분 1층에 만들어져 있다. 경관이 좋은 카페 앞에 보면 테이블이 놓여 있는 공간이 있는데, 그런 공간이 테라스이다.

발코니와 베란다의 개념을 바탕으로 확장을 하게 되면 어떤 영향을 미칠까? 확장하는 것을 모두 불법이라고 생각할 수 있지만 확장은 두 가지로 분류된다. 즉 발코니 확장을 하는 것은 합법적이나 베란다 확장을 하는 것은 불법이다. 흔히 아파트 베란다라고 부르는 곳은 발코니가 정확한 명칭으로, 2층 이상의 건물에서 바깥쪽 부분 즉 거실이나 방에서 연장된 공간을 말한다.

반면 베란다는 아래층 바닥면적보다 위층의 면적이 작아서 생기는 공간으로 지붕 없는 노출된 공간을 말하며, 난간을 설치해서 외부 공간처럼 사용하면 되지만, 실내공간으로 넓게 만들면 베란다 확장 불법이 되는 것이다. 베란다를 확장하게 되면 다른 사람 집의 일조권 확보를 방해하게 되기 때문에 문제가 발생한다. 주로 다세대 주택지역이 이와 같은 문제가 많으므로 구입할 때 확장이 되지 않은 집을 구입하는 게 좋다. 불법적인 확장에 대해서는 이행강제금 또는 철거를 명령함으로써 불법으로 확장된 부분에 대해 처벌 및 방지하고 있다. 인근 주민에게 일조권 침해를 원인으로 소송이 발생하기도 하므로 구입 시 매우 주의해야 한다. 베란다 확장 불법으로 인해 일조권을 침해받은 피해자가 불법 확장 부분에 대하여 시정명령 또는 이행강제금 부과보다 시설물 철거를 직접 청구할 수도 있다. 이럴 경우 해결 방법을 찾기 어려울 수 있으니 주의해야 한다.

key point

흔히들 아파트 베란다라고 부르는데 정확한 용어는 발코니가 맞다. 발코니 확장은 합법이다. 베란다, 발코니, 테라스의 개념을 명확히 알아야 불법적 확장을 구별할 수 있고 그에 따르는 경제적 가치를 파악할 수 있다.

정확한 상권분석과 리모델링으로 판단한 건물의 가치

"철저한 맞춤전략으로
강남의 꼬마빌딩을 매수하다"

서울 강서구 화곡동에 거주하면서 근린상가 두 채를 보유하고 있던 이정순(46세) 씨는 언젠가 꼭 강남에 번듯한 꼬마빌딩 한 채를 갖고자 로드맵을 짜고 자금계획을 수립했다. 근린상가는 본인이 매수한 금액보다 그리 많이 상승하지 못했다. 아무래도 시세차익을 올리기에는 한계가 있다는 것을 알았다.

자금 확보가 가장 중요한 일이었다. 본인의 집 근처에 있는 근린상가 한 채는 생각보다 빨리 매도가 성사되어 5억 원의 투자자금을 확보할 수 있었다. 하지만 다른 한 채는 쉽게 매도계약이 안 되어 여러 부동산 중개업소를 통해 끈질기게 노력한 끝에 드디어 본인이 저축해놓은 종잣돈 8억 원 그리고 두 상가를 처분한 자금 11억 원, 합계 19억 원을 들고 강남의 꼬마빌딩의 건물주가 되기 위한 자금을 마련했다.

이 씨가 매입한 꼬마빌딩 주변 모습

　강남을 접하기에는 비교적 적은 투자금액이라서 폭넓고 다양하게 물건을 볼 수가 없었다. 이 씨는 자금에 맞는 맞춤전략을 세우고 물건을 탐색하게 되었다. 소재지는 역삼동으로 강남대로 이면도로 코너에 위치한 근린생활시설 건물로 대지 200㎡(60평), 연면적 550㎡(166평)에 지하 1층~지상 4층으로 준공된 지 30년 된 물건이었다. 매매금액은 42억 원, 보증금 3억 원에 월 800만 원 그리고 대출은 20억 원을 받았다.

　건물이 준공된 지 오래되어서 상당히 노후화되어 있었고 임대료 수준도 시세보다 현저히 낮았다. 하지만 리모델링 하면 꽤 괜찮을 것 같은 빌딩이라고 판단됐다. 건물이 있는 곳은 강남대로 이면에 위치해

근린생활시설과 업무시설이 혼재되어 있는 상권이어서 카페, 프랜차이즈, 음식점 등 1~2층을 근린생활시설로 임대 놓기에 충분했다. 2층 이상으로는 사무실 수요가 많아 안정적인 임대수익이 창출될 가능성이 보였다. 이런 위치의 건물을 리모델링 하여 재임대한다면 임대료는 1,200만 원 정도 예상했으며, 향후 재매각한다면 당연히 시세차익은 보장될 것이다.

이 씨는 상권분석 후에 투자가치가 있다고 판단하고 건축사를 통하여 리모델링을 어떤 방향으로 할 것인지 결정했다. 곧바로 리모델링 공사에 착수하여 새로운 임차자를 구했다. 강남의 요지에 임대수익과 시세차익을 낼 수 있는 있는 짭짤한 꼬마빌딩의 주인이 되었다는 자부심과 함께 진정한 경제적 자유를 향한 첫걸음을 시작한 셈이다.

이러한 이 씨의 꼬마빌딩 투자과정에서 그 의사결정을 내리기까지 중요한 요소들을 살펴보자.

1) 정확한 상권분석으로 임차 업종의 구성과 안정적인 임대수익 판단

강남의 개발호재에 따른 상권의 확장성과 더불어 최적의 임차업종은 무엇인지 파악하고 구체적인 수익률 계산을 했다.

2) 리모델링으로 건물개선 여부 확인

건물의 노후화는 매수의사결정에 장애물이 되지 않았다. 오히려 매수가격 흥정에 유리하게 작용되었다. 이에 구체적으로 리모델링을 통해 건물이 변모될 모습을 그려보았으며 그에 따르는 투자의사 결정에 도움이 되었다.

3) 임대시세를 파악하여 재 임대 시 수익률 계산

현 임대료 수준은 오래전 임대차계약을 체결한 것들이 대부분이어서 임대료 현실화가 새로운 건물주에게는 임대수익률을 제고하는 데 관건이었다. 재임대시 업종 선택과 임대료의 현실화를 각고의 노력 끝에 마칠 수 있었다.

4) 추후에 재매각시 시세차익 여부 확인

향후 보유기간을 5년으로 계획하고 5년 후 매각한다면 시세변동을 예측하고 임대수익률까지 계산했을 경우 무리가 없을 것으로 판단되어서 과감히 결정했다.

5) 대출금을 확인하여 본인의 자금 스케줄 확인

아무리 물건이 좋아도 본인이 투자할 수 있는 자금력에 못 미치는 투

자금액이 나온다면 허사다. 이 씨는 본인의 신용도와 관련하여 대출한
도를 책정하고 그에 맞는 맞춤전략을 구사할 수 있었다.

■ 이 씨의 꼬마빌딩 성공투자 포인트

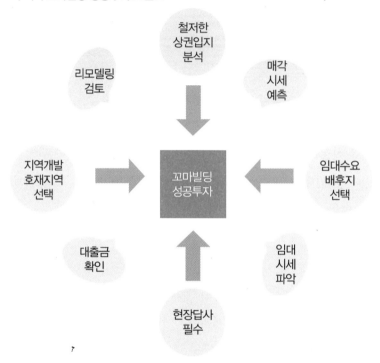

꼬마빌딩을 사기 위한 18계명

1. 물 좋고, 정자 좋고, 산세까지 좋은 물건은 없다. 사려는 목적이 무엇인지 정확하게 설정하고 항목별 가중치를 두고 판단한다.

2. 기본적인 항목을 잘 검토한다(역 거리, 도로 너비, 코너 여부, 건폐율, 용적률, 시세파악, 미래가치, 임대료 수준, 건물상태).

3. 부동산은 장기투자 종목이다. 흐르는 시간과 변화를 읽어야 한다. 미래가 보이는 물건을 고른다.

4. 임대료를 내려고 장사하는 사람은 없다. 임차인의 눈으로 보라. 매수해야 하는 답은 거기에 있다.

5. 현장답사를 하려거든 아침, 점심, 저녁 시간별로 봐라. 여인의 얼굴과 같다.

6. 검토물건 중 집중할 대상물건 1개를 고른다. 단 1%라도 더 마음에 끌리는 물건으로 고른다.

7. 100% 만족하는 물건은 없다. 70~80% 만족하면 좋은 물건이다.

8. 매도인과 부동산중개업소에게 본인이 살 사람이라는 확신을 심어준다. 그래야 조건을 끌어내기 쉽다.

9. 계약금을 가지고 대상물건의 가격과 조건에 대해 협상을 하면서 본인에게 유리한 최선의 조건인지 확인한다.

10. 계약자리가 잡히면 계약서를 꼭 써야 한다는 부담감을 떨치고 조건과 금액에 집중한다. 만약 계약이 틀어지면 다음날 다시 시작한다는 긍정의 마음으로 부딪친다.

11. 혼자만 이 물건을 검토 중이라는 생각을 버린다. 생각은 깊게, 판

단은 빠르게 한다. 우물쭈물하다가 놓친다.

12. 눈높이와 주머니 사정은 항상 반비례 관계이다. 예산을 넘게 되면 확실한 대안이 있어야 한다. 없다면 포기하라. 그것도 용기이다.

13. 물건은 고집으로 사는 것이 아니다. 필요와 목적에 의해서 사야 한다. 내가 왜 사려는지, 무슨 목적을 가지고 있는지 충분히 설명한다.

14. 약은 약사에게 병은 의사에게, 컨설팅은 전문가에게 묻고 답을 얻어라.

15. 급매는 시세가 아니다. 즉 과거의 급매 물건을 찾다가 시기를 놓친다.

16. 상권이 좋아지는 지역에서는 거래사례가 시간에 따라 올라간다. 예전 시세를 안다면 오히려 발목을 잡을 것이다. 미래를 보라.

17. 금리를 읽어라. 기준 금리와 부동산의 가격은 반비례 관계이다.

18. 건물을 매수했다면 관리에 최선을 다하라.

북오션 부동산 재테크 도서 목록

부동산/재테크/창업

경제경영)투자 재테크)부동산 경매

ISBN 9788967993405
박갑현 지음
2017.11.17. | 14,500원
264쪽 | 152×224mm

월급쟁이들은 경매가 답이다
1,000만 원으로 시작해서 연금처럼 월급받는 투자 노하우

경매에 처음 도전하는 직장인의 눈높이에서 부동산 경매의 모든 것을 알기 쉽게 풀어낸다. 일상생활에서 부동산에 대한 감각을 기를 수 있는 방법에서부터 경매용어와 절차를 이해하기 쉽게 설명하며 각 과정에서 꼭 알아야 할 중요사항들을 짚어준다. 경매 종목 또한 주택, 업무용 부동산, 상가로 분류하여 각 종목별 장단점, '주택임대차보호법', '상가건물임대차보호법'에서 경매와 관련되어 파악하고 있어야 할 사항 또한 꼼꼼하게 짚어준다.

경제경영)투자 재테크)부동산

ISBN 9788967993283
나창근 지음
2017.06.16. | 15,000원
296쪽 | 152×224mm

꼬박꼬박 월세 나오는 수익형부동산 50가지 투자비법

이 책은 성공적인 수익형 부동산 투자를 이끄는 나침반과 같은 역할을 한다. 현재 (주)리치디엔씨 이사, (주)머니부동산연구소 대표이사로 재직하면서 [부동산TV], [MBN], [한국경제TV], [KBS] 등 방송에서 알기 쉬운 눈높이 설명으로 호평을 받은 저자는 부동산 트렌드의 변화와 흐름을 짚어주며 수익형 부동산의 종류별 특성과 투자노하우를 소개한다. 여유자금이 부족한 투자자도, 수익형 부동산이 처음인 초보 투자자도 이 책을 통해 확실한 목표를 설정하고 자신 있게 전략적으로 투자할 수 있는 혜안을 얻을 수 있을 것이다.

경제경영)투자 재테크)창업

ISBN 9788967993412
이형석 지음
2017.12.22. | 18,500원
416쪽 | 152×224mm

빅테이터가 알려주는 성공 창업의 비밀
창업자 열에 아홉은 감으로 시작한다

이 책은 국내 1호 창업컨설턴트이자 빅데이터 해석 전문가인 저자가 빅데이터를 통해 대한민국 창업의 현재를 낱낱이 꿰뚫어 보고, 이에 따라 창업자들이 미래를 대비할 수 있는 전략을 수립하게 한다. 이 책을 통해 창업자는 자신의 창업 아이템을 어떤 지역에 뿌리를 두고, 어떤 고객층을 타깃화해서 어떤 비즈니스 모델을 정하고, 가치를 만들어 가격을 설정하고, 어떤 전략을 밀고나갈 것인지를 일목요연하게 정리할 수 있을 것이다. 창업, 이제 과학과 통계의 힘을 받고 시작하자.

불확실성 시대에 자산을 지키는
부동산 투자학

요즘 같은 경제적 불확실성의 시대에는 모든 것을 원론적으로 차근차근 접근해야 한다. 특히 부동산에 영향을 주는 핵심요인인 부동산 정책의 방향성, 실물경제의 움직임과 갈수록 영향력이 커지고 있는 금리의 동향에 대해 경제원론과의 접목을 시도했다. 따라서 독자들은 이 책을 읽으면서 부동산 투자에 대한 원론적인, 즉 어떤 경제여건과 부동산을 둘러싼 환경이 바뀌더라도 변치 않는 가치를 발견하게 될 것이다.

경제경영〉투자 재테크〉부동산

ISBN 9788993662153
김태희 지음
2010.02.10. | 18,500원
412쪽 | 152×224mm

바닥을 치고 오르는
부동산 투자의 비밀

이 책은 부동산 규제 완화와 함께 뉴타운사업, 균형발전촉진지구사업, 신도시 등 새롭게 재편되는 부동산시장의 모습을 하나하나 설명하고 있다. 부동산 전문가인 저자는 명쾌한 논리와 예리한 진단을 통해 앞으로의 부동산시장을 전망하고 있으며 다양한 실례를 제시함으로써 이해를 높이고 있다. 이 책은 부동산 전반에 걸친 흐름에 대한 안목과 테마별 투자의 실전 노하우를 접할 수 있게 한다.

경제경영〉투자 재테크〉부동산

ISBN 9788993662023
이재익 지음
2009.04.15. | 15,000원
319쪽 | 170×224mm

그래도 땅이다
불황을 꿰뚫는 답, 땅에서 찾아라

이 책은 부동산 고수로 거듭나기 위한 투자 원칙을 제시한다. 올바른 부동산 투자법, 개발호재지역 투자 요령, 땅의 시세를 정확히 파악하는 법, 개발계획을 보고 읽는 방법, 국토계획 흐름을 잡고 관련 법규를 따라잡는 법, 꼭 알고 있어야 할 20가지 땅 투자 실무지식 등을 담은 책이다. 이 책의 안내를 따라 정부 정책의 흐름을 파악하고 수시로 관련 법체계를 확인하여 합리적인 투자를 한다면 어느새 당신도 부동산 고수로 거듭날 수 있을 것이다.

경제경영〉투자 재테크〉부동산

ISBN 9788993662078
김태희, 동은주 지음
2009.08.15. | 17,000원
368쪽 | 153×224mm

춤추는 땅투자의
맥을 짚어라

이 책은 땅고수가 전하는 땅투자에 대한 모든 것을 담고 있다. 땅투자를 하기 전 기초를 다지는 것부터 실질적인 땅투자 노하우와 매수·매도할 타이밍에 대한 방법까지 고수가 아니라면 제안할 수 없는 정보들을 알차게 담아두었다. 준비된 확실한 정보가 있는데 땅투자에 적극적으로 덤비지 않을 수가 없다. 이 책에서 실질적 노하우를 얻었다면 이제 뛰어들기만 하면 될 것이다.

경제경영〉투자 재테크〉부동산

ISBN 9788996033462
최종인 지음
2008.08.15. | 14,500원
368쪽 | 153×224mm